MISSIONSBENEDIKTINER

Klosterführer durch vier Kontinente

MISSIONSBENEDIKTINER

Klosterführer
durch vier Kontinente

herausgegeben von
Ansgar Stüfe

Umschlag: Luftbild der Erzabtei Sankt Ottilien (Luftbild Bertram).

1. Auflage 2008
2. vollständig überarbeitete Auflage 2020

Copyright © 2008 by EOS Verlag, St. Ottilien
mail@eos-verlag.de
www.eos-verlag.de

ISBN 978-3-8306-8003-1

Bibliografische Information der Deutschen Bibliothek
Die Deutsche Bibliothek verzeichnet diese Publikation in der Deutschen Nationalbibliografie;
detaillierte bibliografische Angaben sind im Internet unter http://dnb.ddb.de abrufbar.

Formatvorlagen: Karin Niedermeier
Druck und Bindung: EOS-Druck Sankt Ottilien
Printed in Germany

Mönche und Mission

von Dr. Ansgar Stüfe OSB

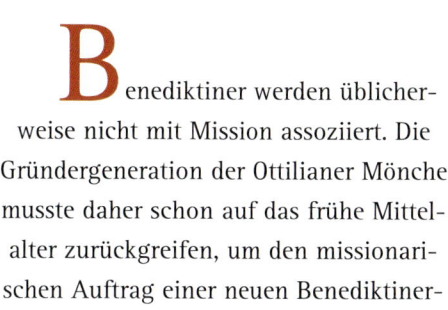enediktiner werden üblicherweise nicht mit Mission assoziiert. Die Gründergeneration der Ottilianer Mönche musste daher schon auf das frühe Mittelalter zurückgreifen, um den missionarischen Auftrag einer neuen Benediktinerkongregation zu begründen.

Mit dem neuen Missionsverständnis hat das monastische Charisma der Benediktiner eine eigene Ausrichtung bekommen. Früher gab es immer die Spannung zwischen Pfarreiarbeit und Gemeinschaftsleben im Kloster. Damals verstand man unter missionarischer Arbeit in erster Linie die Errichtung einer kirchlichen Hierarchie. Zwar wird es immer wieder nötig sein, Pfarreien und Diözesen aufzubauen. Aber mehr und mehr geht es heutiger Mission darum, christliche Werte in die Gesellschaften hineinzutragen. Es geht um die Verbreitung des Gottesreichs.

Benediktiner leben in Gemeinschaft und haben am Eigentum gemeinsam Anteil. Eigentum wird nicht verneint, sondern sozial verantwortlich angenommen. Der einzelne Mönch soll nichts besitzen, aber entsprechend seinen Bedürfnissen am gemeinsamen Besitz Anteil haben. Heutzutage scheint es, als ob mit einer Anhäufung persönlichen Besitzes das Glück des Menschen garantiert sei. Neben der westlichen Welt hat vor allem Asien das Jagdfieber nach Reichtum gepackt. Die brutalen Folgen für die Schwachen und Erfolglosen sind offensichtlich. Diesem Trend setzen die Benediktiner ein anderes Gesellschaftsideal entgegen, in dem der Wert des Menschen eben nicht von seiner wirtschaftlichen Leistung abhängt.

Benediktiner geben ihren Mönchen durch ihre Lebensideale Identität, die nicht vom Erbe oder von den Genen abhängt. Dieses Ideal überwindet Clan- und Stammesdenken. Viele Gesellschaften, vor allem in Afrika, zerbrechen an der Unfähigkeit der Menschen, über ihre Stämme hinaus Solidarität zu entwickeln. In klösterlichen Gemeinschaften beten und arbeiten Menschen unterschiedlicher Herkunft, die in ihrer traditionellen Gesellschaft nie zusammenleben würden. Dieses Beispiel übt gerade in Afrika große Faszination und Hoffnung aus.

Benediktinische Gemeinschaften sind stabil, an ein Kloster gebunden und arbeiten langfristig. Der Aufbau großer Institutionen wie Schulen, Krankenhäuser, landwirtschaftliche Entwicklungen, Schaffung von Kultur und Kunst gelingt Benediktinern eher als anderen Orden. In Asien konnte so eine neue christliche Kunst in örtlicher Tradition entstehen. Kirchenbau, Buchkunst, Malerei und Glasfenster wurden entsprechend gestaltet. In Südtansania wurde die Schnitzkunst der Makonde wiederentdeckt und mit christlichen Motiven neu belebt.

Es gibt heute kaum noch staatliche oder gesellschaftliche Vorgänge, die nicht unter globalen Vorzeichen ablaufen. Die Missionsbenediktiner formen ein kirchliches UNO-Modell im Kleinen und erfahren so die Chancen und Probleme dieses Globalisierungsprozesses. Die Beschreibung der verschiedenen Häuser schildert im Folgenden diese weltweiten Aufgaben und ihre Bedeutung für die Menschen vor Ort.

Nachdem der 2008 erschienene Kongregationsführer vergriffen war, wird hiermit eine Neuauflage vorgelegt, bei der alle Texte und Bilder erneuert wurden. Ort und Lage der Klöster lassen sich auf der beigefügten Karte finden. Die Texte sind kurz gefasst. Es geht darum, für die suchenden Leser schnell eine Information zu liefern. Der Überblick stellt erneut alle selbstständigen Klöster und ihre Häuser der Benediktinerkongregation von St. Ottilien vor. In den letzten Jahren wurden einige Häuser geschlossen und neue eröffnet. Diese Dynamik der Kongregation soll das Buch sichtbar machen. ■

Inhalts-
Verzeichnis

Mönche und Mission   5

Der hl. Benedikt und die Benediktiner.......   8

Missionsbenediktiner –
    Ursprung und Entwicklung   10

Ägypten

Kairo – Haus St. Benedikt.................   13

Deutschland

Hannover – Cella St. Benedikt   15
Jakobsberg – Priorat Herz Jesu   17
Meschede – Abtei Königsmünster   19
Münsterschwarzach – Abtei St. Felicitas   21
St. Ottilien – Erzabtei Herz Jesu   23
Schweiklberg – Abtei Hl. Dreifaltigkeit......   25

Indien

Kumily – Priorat St. Michael   27

Kenia

Illeret – Cella St. Petrus der Fischer.........   29
Langata – Studienhaus St. Gregorius   31
Nairobi – Haus St. Benedikt...............   33
Nanyuki – Haus ULF vom Mount Kenya   35
Tigoni – Abtei Friedensfürst...............   37

Kolumbien

El Rosal – Priorat San Benito..............   39

Korea

Busan – Haus St. Benedikt................   41
Geumnam – Haus St. Benedikt   43
Hwasun – Haus St. Antonius   45
Namyangju – Priorat St. Joseph...........   47
Seoul – Haus St. Benedikt   49
Waegwan – Abtei St. Maurus und Placidus ..   51

Kuba

Havanna – Priorat Erscheinung des Herrn ...   53

Mosambik

N'nango – Haus St. Pachomius   55

Namibia

Waldfrieden – Haus St. Bonifaz...........   57

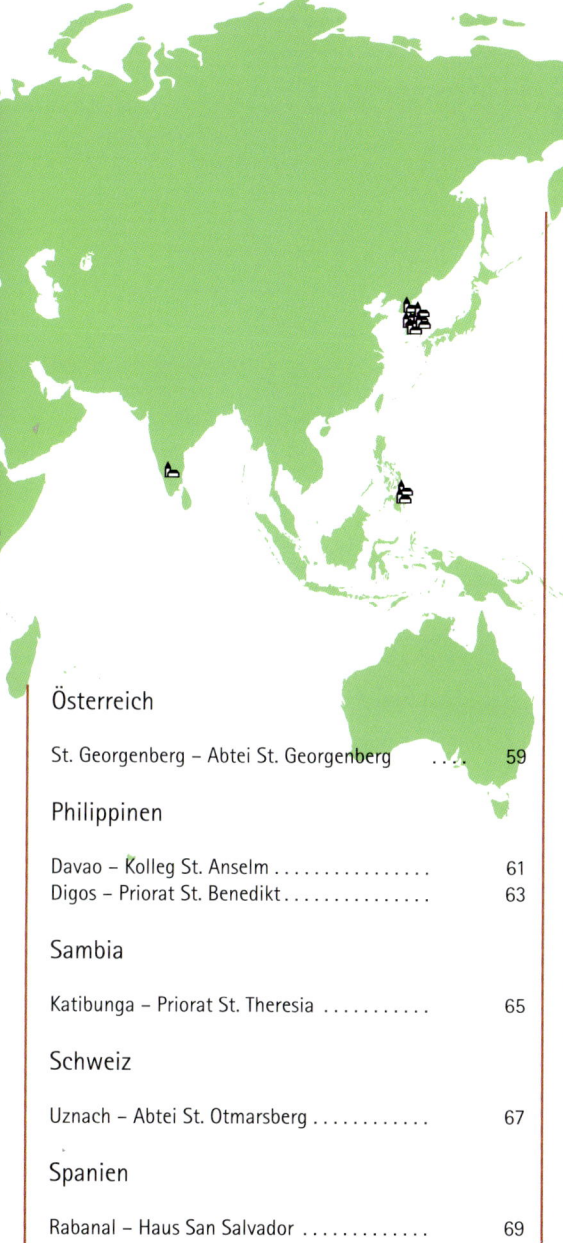

Tansania

Dar es Salaam – Prokura St. Placidus   73
Hanga – Abtei St. Maurus   75
Kipalapala – Priorat St. Bernhard   77
Kipili – Haus St. Bernhard   79
Kurasini – Prokura St. Maurus   81
Mbeya – Haus St. Benedikt   83
Mvimwa – Abtei Hl. Geist.   85
Nakagugu – Haus St. Johannes Bosco.   87
Ndanda – Abtei Mariahilf.   89
Nole – Haus St. Joseph   91
Peramiho – Abtei St. Benedikt   93
Pugu – Priorat St. Benedikt   95
Sakarani – Priorat St. Benedikt   97
Sumbawanga – Haus St. Benedikt.   99
Uwemba – Priorat St. Raphael.   101

Togo

Agbang – Abtei der Menschwerdung   103
Kara – Kolleg St. Maurus und Placidus   105
Lomé – Cella St. Boniface.   107

Uganda

Tororo – Priorat Christkönig.   109

USA

Newton – Abtei St. Paul   111
Schuyler – Priorat Christkönig.   113

Venezuela

Güigüe – Abtei St. Joseph   115

Nachweise

Bearbeiter der Karten   116
Bildnachweise   118
Missionsprokuren   119

Österreich

St. Georgenberg – Abtei St. Georgenberg   59

Philippinen

Davao – Kolleg St. Anselm   61
Digos – Priorat St. Benedikt   63

Sambia

Katibunga – Priorat St. Theresia   65

Schweiz

Uznach – Abtei St. Otmarsberg   67

Spanien

Rabanal – Haus San Salvador   69

Südafrika

Inkamana – Abtei Herz Jesu.   71

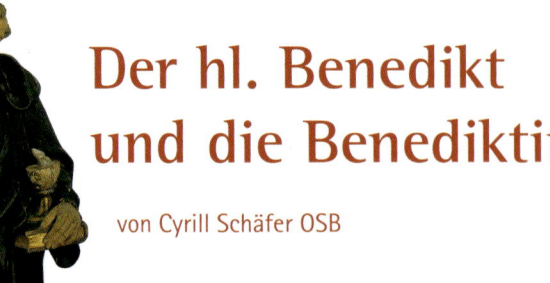

Der hl. Benedikt und die Benediktiner

von Cyrill Schäfer OSB

Der hl. Benedikt (um 480 bis um 550) wäre wahrscheinlich recht erstaunt, wenn er den nach ihm benannten Orden heute erleben könnte. 1450 Jahre nach dem Tod des Ordensgründers zählen zum Benediktinerorden ungefähr 415 Männer- und 800 Frauenklöster, in denen rund 6700 Mönche und 13.000 Nonnen und Schwestern beheimatet sind.

Vergleichsweise bescheiden begann der hl. Benedikt. Geboren wurde er in der unruhigen Zeit der Völkerwanderung im oberitalienischen Städtchen Nursia. Wie sein Biograph und Bewunderer, Papst Gregor der Große (um 540 bis 604), erzählt, brach er sein Studium in Rom ab, da ihn das Leben in der hektischen und verrohten Weltstadt abstieß. Er zog sich in die nicht allzu entfernten Berge der Appeninnen zurück, wo bereits im Anianetal Einsiedler Gott in der Einsamkeit suchten. Seine konsequente Lebensweise führte ihm bald einen Kreis von Schülern zu, aus denen er mehrere Klostergemeinschaften formte. Von seiner ersten Gründung Subiaco aus zog Benedikt später weiter in den Süden und gründete auf dem Berg Montecassino ein neu-

es Kloster, in dessen Kirche er heute begraben liegt. Neben ihm liegt seine Schwester Scholastica, die nach der Tradition den weiblichen Zweig der Benediktiner begründet hat.

Der hl. Benedikt hat das Mönchtum nicht erfunden. Es entstand wohl spontan im 3. Jh. n.Chr. als Antwort auf die Forderung des Evangeliums, alles zu verlassen, um Christus nachzufolgen. Als Symbolgestalt der neuen Bewegung und als erster Mönchsvater wird der hl. Antonius verehrt (um 250 bis 356 n. Chr.). Er begann in der ägyptischen Wüste ein Leben des Gebets, der Einsamkeit und der Enthaltsamkeit. Damit wollte er in letzter Konsequenz die Christusworte gegenüber dem reichen Jüngling erfüllen, die ihn ins Herz getroffen hatten: „Wenn du vollkommen sein willst,

Miniatur aus einer Choralhandschrift der Renaissance:
Der hl. Benedikt übergibt seine Regel an die
verschiedenen Zweige des Benediktinerordens.

Die Abtei Montecassino in Mittelitalien: In der mächtigen Abteikirche ist das Grab des Kloster- und Ordensgründers Benedikt und seiner Schwester Scholastika zu finden.

verkaufe alles, was du hast, gib das Geld den Armen und folge mir nach" (Mt 19,21). Viele ähnlich gesinnte Menschen schlossen sich ihm an, so dass innerhalb weniger Jahrzehnte große Mönchskolonien die Wüste bevölkerten.

Aus den Wüsten Ägyptens und Syriens gelangte das Mönchtum in den westlichen Teil des römischen Reiches, wo sich besonders im heutigen Frankreich lebendige Klostergemeinschaften entwickelten. Der hl. Benedikt konnte auf dieser Tradition aufbauen, als er seine Erfahrungen als Klosterleiter in der nach ihm benannten Regel zusammenfasste. In prägnanter Weise beschreibt diese Regel in 73 Kapiteln, wie das Leben in der Gemeinschaft geordnet werden soll. Als Leitwert wird dabei die „Demut" genannt, die Bereitschaft nach dem Vorbild Christi seinen Eigenwillen dem Willen des Vaters im Himmel anzugleichen. Der Abt, dessen Name „Vater" bedeutet, steht stellvertretend für Christus, so dass seinen Weisungen mit großer Ehrfurcht nachzukommen ist. Benedikt ergänzt dabei die hierarchische Klosterordnung durch eine horizontale Dimension: der Abt wird von der Gemeinschaft gewählt und soll alle wichtigen Angelegenheiten mit den Mönchen gemeinsam beraten.

Im Verlaufe der abendländischen Geschichte setzte sich unter den vielen Klosterregeln der Spätantike und des frühen Mittelalters immer mehr die Benediktsregel durch. Ihre oft flexiblen Weisungen und ihre prägnante Sprache ließen sie als besonders geeignet erscheinen, klösterliches Gemeinschaftsleben im Wandel der Zeiten zu regeln und der jeweiligen geographischen und kulturellen Situation anzupassen. Eine Monopolstellung erhielt sie schließlich im Jahre 817, als sie zur allein zugelassenen Klosterregel im fränkischen Großreich wurde. Über gut zwei Jahrhunderte folgten damit alle Klöster Westeuropas den Wei-

sungen des hl. Benedikt. In dieser Zeit wurden Klöster auch Mittelpunkte des kulturellen und geistigen Lebens, ja zu wirtschaftlichen und sozialen Zentren. Durch die Abschreibtätigkeit in den Skriptorien und durch sorgfältig gepflegte Bibliotheken wurden die uns heute noch erhaltenen Werke der Antike bewahrt. Im Verlauf des Spätmittelalters trat die Bedeutung der Benediktiner gegenüber neueren Orden wie Franziskaner und Dominikaner zurück. Über die Jahrhunderte spaltete sich der Benediktinerorden schließlich auch in viele Reformzweige, unter denen die Zisterzienser und die Trappisten hervorzuheben sind.

Im 18. Jahrhundert erlebte der Orden gerade im deutschen Sprachraum nochmals eine Hochblüte, von der großartige Barockbauten Zeugnis ablegen. Diese Entwicklung wurde dann durch die Französische Revolution und die Säkularisationen an der Wende zum 19. Jahrhundert jäh abgeschnitten. Das Klosterleben hörte damit in vielen Ländern Europas auf. Einen Neubeginn aus dem Geist der Romantik schufen dann insbesondere der französische Priester Prosper Guéranger mit der Gründung des Klosters Solesmes (1832) und im deutschen Raum die Brüder Wolter mit dem Donaukloster Beuron (1862). Einen weiteren Reformschub erhielt der Orden durch Papst Leo XIII. (1878-1903), der die Benediktineruniversität S. Anselmo in Rom ins Leben rief und das Amt eines Abtprimas, eines obersten Ordensvertreters mit Sitz in S. Anselmo schuf.

Heute ist der Benediktinerorden in eine Vielzahl von Kongregationen unterteilt, die meist eine Spezialisierung oder einen besonderen geographischen Schwerpunkt ausdrücken. Die Missionsbenediktiner von St. Ottilien, zu deren Gründungsauftrag die Auslandsseelsorge gehört, sind mit ungefähr 1100 Mönchen zu einer der international verbreitetsten dieser Kongregationen herangewachsen. ■

Missionsbenediktiner
Ursprung und Entwicklung

von Ansgar Stüfe OSB

Als das benediktinische Mönchtum im 19. Jahrhundert erneut aufblühte, besann man sich auch auf die alte missionarische Tradition der Benediktiner. Im frühen Mittelalter hatten sie den christlichen Glauben in weiten Teilen Europas verbreitet.

Alles begann mit einem Mönch und einer Idee. Pater Andreas Amrhein entschloss sich 1870 Benediktinermönch zu werden und trat in die Erzabtei Beuron ein. Von Anfang an trieb ihn die Idee der benediktinischen Mission um. Im Rahmen der damaligen Mittelalterbegeisterung faszinierte ihn, wie Benediktiner einst England und Deutschland missioniert hatten. Auch die Mönche von Beuron wollten die Ideale des mittelalterlichen Mönchtums neu beleben. Anders als Pater Andreas sahen sie dieses Ideal nur im kontemplativen Leben verwirklicht. Vor diesem Hintergrund war ihnen eine missionarische Tätigkeit, gar in anderen Ländern, unvorstellbar. So verließ Andreas Amrhein Beuron und gründete eine neue Missionsgesellschaft, in der das benediktinische Lebensideal mit missionarischer Arbeit verbunden wurde. Die erste Niederlassung im ehemaligen Kloster Reichenbach in der Oberpfalz im Jahr 1884 hatte keinen dauerhaften Erfolg. Das Jahr 1884 gilt dennoch als Gründungsdatum der Benediktinerkongregation von Sankt Ottilien. 1888 gelang es in der Nähe vom Ammersee ein Gut zu erwerben, auf dem sich eine alte Kapelle befand, die der heiligen Ottilie geweiht war. Auf dem Gelände dieses Guts entstand das Kloster Sankt Ottilien. Das Kloster entwickelte sich rasch. 1896 wurde es Konventualpriorat und 1902 Abtei. Die neue Abtei zog zahlreiche junge Männer an, die Benediktinermissionare werden wollten. So konnten schon 1888 junge Mönche nach Ostafrika gesandt werden. 1909 eröffnete sich ein zusätzliches Tätigkeitsfeld in Korea. In Deutschland konnten noch vor dem Ersten Weltkrieg die Klöster Münsterschwarzach und Schweiklberg gegründet werden. Als 1914 drei unabhängige Klöster existierten, wurde die Benediktinerkongregation von Sankt Ottilien ins Leben gerufen und das Mutterhaus Sankt Ottilien zur Erzabtei erhoben.

Auch die Missions-Benediktinerinnen begannen ihr monastisches Leben in Sankt Ottilien. Der Ort erwies sich aber als ungeeignet für die Entwicklung zweier großer Gemeinschaften. Daher zogen die Schwestern 1902 nach Tutzing um.

Bei aller Aufbautätigkeit in Deutschland blieb die Mission in fernen Ländern Hauptziel der Mönche. Schon in den ersten 30 Jahren der Kongregation bildeten sich zwei Schwerpunkte der Missionstätigkeit heraus, nämlich in Ostafrika und in Korea. Der Erste Weltkrieg brach-

Oben: Der Gründer von St. Ottilien, P. Andreas Amrhein, mit afrikanischen Waisenkindern (um 1888/89).
Rechts: Aufbruch einer Missions-Karawane vom Stützpunkt St. Josef in der ostafrikanischen Hafenstadt Dar es Salaam (1890).

Aus kleinen Missionsstationen in Afrika sind heute vielfach große Klöster mit zahlreichem Nachwuchs entstanden.

te Rückschläge für die junge Benediktinerkongregation. Viele Mönche starben im Krieg. 1918 wurden alle Missionare aus Ostafrika ausgewiesen. Die Leitung der Kongregation unter Erzabt Norbert Weber suchte nach neuen Einsatzmöglichkeiten. So kam es zur Gründung von Inkamana in Südafrika, Caracas in Venezuela und Newton in den USA.

Als die deutschen Mönche 1925 wieder nach Ostafrika zurückkehren durften und die Zahl der Neueintritte in Deutschland weiter anstieg, kam es zu einer ersten großen Blüte der Kongregation. In Deutschland wurde das Kloster Königsmünster in Meschede gegründet, in China die Abtei Yenki. Um die Abteien herum wurden zahlreiche Pfarreien errichtet und zusammen mit den Tutzinger Benediktinerinnen ein Netz an Krankenstationen und Schulen. In vielen Missionsklöstern waren die Äbte auch Bischöfe der umliegenden Gegend.

Bevor der Zweite Weltkrieg begann, hatte sich die Kongregation von St. Ottilien zu einem weltweiten Klosternetz entwickelt, dem 1939 1300 Mönche angehörten. Dann kamen schwere Rückschläge. Alle Klöster in Asien wurden aufgehoben und zahlreiche Mönche und Schwestern fanden den Tod. Europa lag in Schutt und Asche. In Deutschland wurden alle Klöster von den Machthabern beschlagnahmt. Nur in Ost- und Südafrika und Amerika konnten die Mönche ihre Arbeit fortsetzen. Nach dem zweiten Weltkrieg war der Neuanfang mühsam. Ab 1946 kehrten die Mönche wieder in ihre Klöster zurück, aber erst in den 1950er Jahren konnte an die Zeit vor dem Krieg angeknüpft werden. Der Schwerpunkt war zunächst in Ostafrika, wo die missionarische Arbeit weitgehend unbehelligt weitergegangen war. Bald konnten die überlebenden Mönche aus dem Norden Koreas im Süden des Landes einen Neuanfang wagen. So entstand das Kloster Waegwan, das bereits 1956 zum Konventualpriorat und 1964 zur Abtei erhoben wurde.

Nach einer Konsolidierungsphase erlebte die Kongregation in den 1960er Jahren einen Neuaufbruch. Im jungen Staat Tansania wurde Hanga als rein afrikanisches Kloster gegründet. Aus diesem Kloster gingen zahlreichen Neugründungen hervor. 1979 gründeten Mönche aus Hanga das Kloster Mvimwa, das 2001 zur Abtei erhoben wurde. Es folgten 1987 das Priorat Katibunga in Sambia und abhängige Häuser in Mbeya, Dar es Salaam, Tabora und Nole. Die Abtei Peramiho gründete Klöster in Kenia und Uganda, die Abtei Inkamana ein Haus in Namibia.

Auch in Asien blieb es nicht bei der Gründung von Waegwan. In Seoul entstand das heutige Konventualpriorat Namyangju am Rand der großen Stadt. Abhängige Häuser wurden in Busan, Seoul, Hwasun und Daegu errichtet.

Unter Erzabt Notker Wolf (Erzabt und Präses von 1977 bis 2000) gründete die Kongregation von Sankt Ottilien neue Klöster in Digos auf den Philippinen, Kumily in Indien und Agbang in Togo. Auch unter Abtpräses Jeremias Schröder entzog sich die Kongregation nicht dem Ruf nach Neugründungen. So entstand ein Kloster in Kuba und in Ägypten. Die Abtei Ndanda wagte einen Neuanfang in Mosambik.

Im Jahr 2020 gehören insgesamt 52 Häuser zur Benediktinerkongregation von Sankt Ottilien. Davon sind 20 unabhängige Klöster (Abteien oder Konventualpriorate), während kleinere Klöster einem größeren Haus oder direkt dem Abtpräses unterstehen. Zur Ottilianer Kongregation gehören mehr als 1000 Mönche. Sie leben nach der Regel des heiligen Benedikt, wollen aber darüber hinaus den missionarischen Auftrag des Gründers weitertragen. Sie verwirklichen das durch apostolische Tätigkeit vor Ort oder missionarische Neuaufbrüche. Der Dienst an den Menschen im Geist des Evangeliums ist da Leitmotiv all dieser Tätigkeit. ■

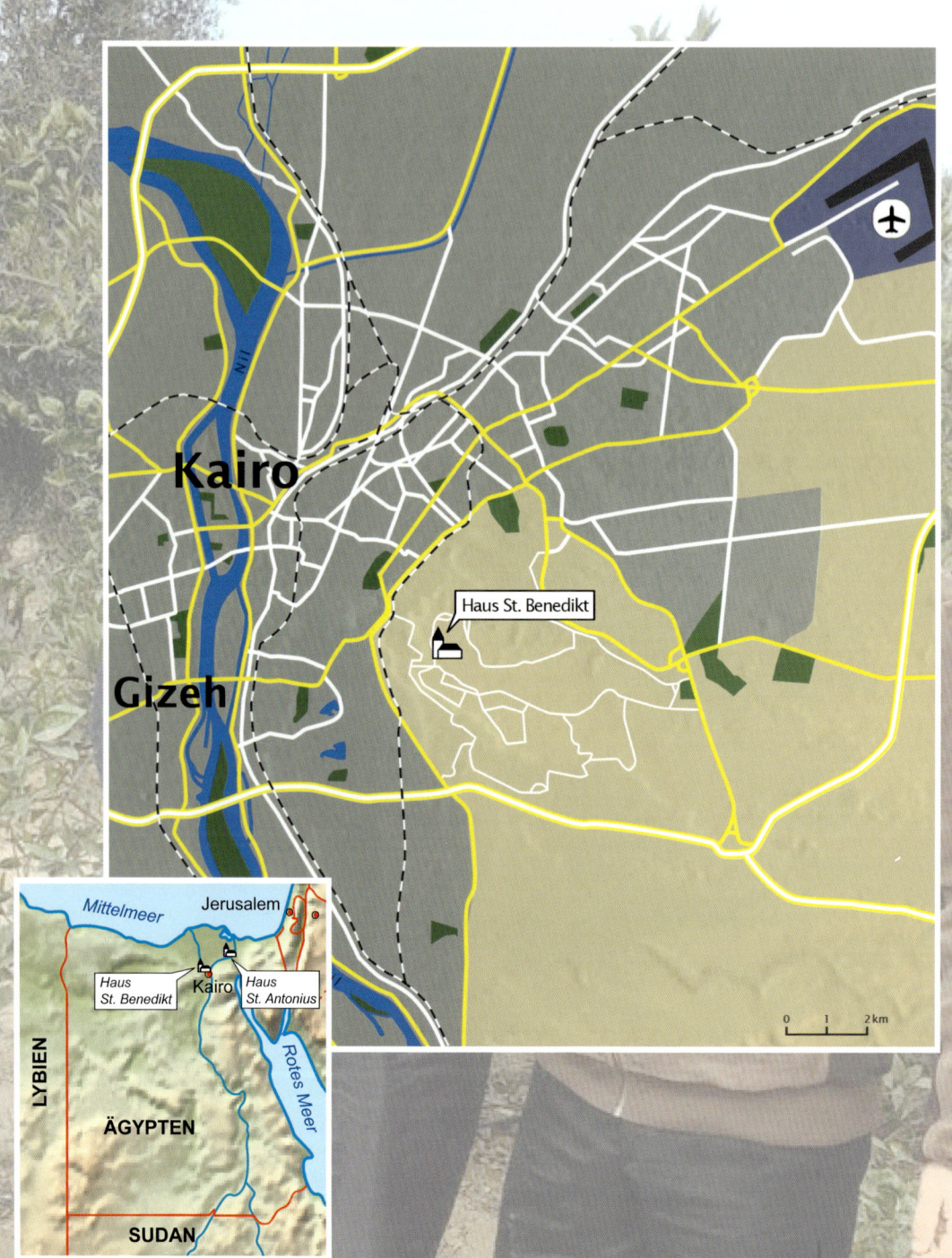

Kairo

Gizeh

NIL

Haus St. Benedikt

0   1   2 km

Mittelmeer

Jerusalem

LYBIEN

Haus
St. Benedikt   Kairo   Haus
St. Antonius

Rotes Meer

ÄGYPTEN

SUDAN

KAIRO
Haus Sankt Benedikt

Mit der Neugründung in Kairo kehren die Missionsbenediktiner in das Land zurück, wo das Mönchtum entstand.

Haus St. Benedikt wurde am 8. Dezember 2017 von einem Mönch aus Tigoni (Kenia) gegründet. Es leben zur Zeit dort vier Mönche. Die Neugründung untersteht dem Abtpräses und dem Kongregationsrat. Eine Farm und Grundstück wurde 2018 und dem Titel St. Antonius auf dem Land in der Nähe von Ismailia gekauft. Die dortige Landwirtschaft soll zum Unterhalt dienen. Das Grundstück soll auch der Bauplatz für das künftige Kloster sein. Die Mönche folgen dem katholisch-koptischen Ritus. Aufgabe der Gemeinschaft soll eine Brückenfunktion zur ägyptischen Kirche und zum Islam sein. ■

Rechts: Orangenhain in der Klosterfarm.
Unten: Kloster St. Benedikt in Cairo.

Scharnhorst, Empede, Suttorf, Scharrel, Wernebostel, Wiechendorf, Scherenbostel, Bissendorf, Wettmar, Himmelreich, Wietze, Klein-burgwedel, Neustadt am Rübenberge, Otternhagen, Resse, Kiebutz-krug, Thönse, Großburgwedel, Kaltenweide, Hohenhorster B., Neu-warmbüchen, Moordorf, Kaltenweide, Krähen-winkel, Isernhagen, Farster B., Kircher B., Lohne, Boggenhagen, Osterwald, Heitlingen, Niederhägener Bauerschaft, Kirchhorst, Großenheidorn, Bordenau, Frielingen, Stelingen, Engelbostel, Godshorn, Langenhagen, Altwarmbüchen, Steinhude, Kleinheidorn, Horst, Berenbostel, Schulenburg, Isernhagen-Süd, Blumenau, Meyenfeld, Schloß Ricklingen, List, Wunstorf, Luthe, Garbsen, Havelse, Stöcken, Vinnhorst, Cella Sankt Benedikt, Groß Buchholz, Bokeloh, Lohnde, Seelze, Letter, Misburg, Kolenfeld, Dedensen, Harenberg, Ahlem, Hannover, Haste, Holtensen, Almhorst, Döteberg, Linden, Kleefeld, Anderten, Helsinghausen, Groß Munzel, Ostermunzel, Kirchmehren, Velber, Lenthe, Ricklingen, Kirchrode, Höver, Suthfeld, Riehe, Landringhausen, Barrigsen, Lathmehren, Bemerode, Bad Nenndorf, Waltringhausen, Nordgoltern, Stemmen, Göxe, Northen, Benthe, Empelde, Döhren, Wülferode, Wichtringhausen, Großgoltern, Ditterke, Everloh, Hemmingen, Rodenberg, Bantorf, Winninghausen, Eckerde, Leveste, Hohenbostel, Barsinghausen, Kirchdorf, Langreder, Gehrden, Ronnenberg, Devese, Laatzen, Müllingen, Redderse, Lemmie, Weetzen, Ihme Roloven, Arnum, Harkenbleck, Reden, Rethen, Oesselse, Degersen, Vörie, Linderte, Hiddestorf, Ohlendorf, Koldingen, Ingeln, Gleidingen, Wennigsen (Deister), Evestorf, Redeckerstr., Hotteln, Gödringer, Sarstedt, Ahrbergen, Giesen, Emmerke, Sorsum, Hildes-heim, Großhilligsfeld, Kleinhilligsfeld, Rohrsen, Behrensen, Bessingen, Eddinghausen, Hameln, Afferde, Marienau, Gut Voldagsen

Inset map 1 (Germany overview):
DÄNEMARK, Hamburg, Cella St. Benedikt, POLEN, Berlin, NIEDER-LANDE, DEUTSCHLAND, Köln, BELGIEN, Frankfurt, TSCHECHISCHE REPUBLIK, LUXEMBURG, FRANKREICH, München, ÖSTERREICH, SCHWEIZ — 0 50 100 km

Inset map 2 (city center):
Dragonerstr., Lister, Kirchweg, Wittekamp, Husaren-str., Steinmetzstr., Röntgen-str., Wald-str., Jakobi-str., Walbrecht-Str., Vahrenwalder Str., Isernhagener Str., Voß-Str., Podbielskistr., Bernadotte-Allee, Cella Sankt Benedikt, Kollenrod-, Bödekerstr., Hohen-zollern-str., Am Welfenplatz, Celler Str., Hamburger Allee, Arndtstr., Werderstr., Gretchenstr., Wede-kind-str. — 0 200 400 m

0 2,5 5 km

HANNOVER
Cella Sankt Benedikt

Es war ein ungewöhnlicher Schritt, als die Gemeinschaft von Königsmünster 1986 dem Bischof von Hildesheim mitteilte, dass sie eine „cella benedictina" in Hannover gründen wollte.

Die Cella Hannover ist ein abhängiges Haus der Abtei Meschede. Es leben dort drei Brüder.
Hannover ist eine deutsche Großstadt mit einer nachchristlichen Bevölkerung. Die Mönche der Abtei Meschede wollen in dieser besonderen Umgebung Zeugnis für das Evangelium geben. Sie gründeten 1988 eine kleine Gemeinschaft, die sie Cella nannten. Es leben dort drei bis fünf Mönche. Im Unterschied zu einem klassischen Kloster gibt es keine Klausur. Die Präsenz der Mönche dient zur Begegnung und dem Erleben von Nähe. Suchende Menschen erfahren hier Stille und Einkehr. Die Mönche leben von der eigenen Arbeit und bieten Dienste entsprechend ihrer Ausbildung an. ■

Oben: Kapelle.
Unten: Innenhof.

Cella St. Benedikt – Eingang von der Vaßstraße.

Cella St. Benedikt
Voßstr. 36
30161 Hannover
Deutschland
Tel.: +49 511 – 962 88 0
cella@t-online.de
www.cella-sankt-benedikt.de

JAKOBSBERG
Priorat Herz Jesu

Es war im November 1960. In einem kirchlichen Mitteilungsblatt stand zu lesen: „Zu verkaufen: Kloster Jakobsberg, Gemeinde Ockenheim, Kreis Bingen am Rhein..."

Das Kloster Jakobsberg ist ein abhängiges Priorat der Erzabtei St. Ottilien. Es leben dort zur Zeit sieben Mönche. 1960 kaufte die Erzabtei St. Ottilien das Kloster von den Trappisten und 1962 wurde es zum Priorat erhoben. Anlass für den Kauf war die Furcht, dass mit dem Ende der Kolonialzeit alle Missionare heimkehren würden. Für sie sollte eine Unterkunft bereitgestellt werden. Dazu kam es aber nicht. Das Priorat auf dem Jakobsberg entwickelte sich zu einem geistlichen Zentrum. Ein Bildungshaus und ein Jugendzentrum wurden neu errichtet. Das alte Kloster wurde abgerissen und ein modernes vollständig neu gebaut. Die Kirche blieb erhalten und wird immer noch als Wallfahrtsort genutzt. Die Mönche des Klosters betreuen die Wallfahrer und machen auch Werbung für die missionarischen Aufgaben weltweit. Seit 2008 wirken Schwestern der philippinischen Benediktinerinnenkongregation vom Eucharistischen König bei der Gästebetreuung mit. ■

Oben rechts: Kirche und Kreuzgang.
Unten rechts: Innenraum der Wallfahrtskirche.
Unten links: In der Weinlaube des Klosters.

Kloster Jakobsberg
55437 Ockenheim
Deutschland
Tel.: +49 6725 304 0
mail@klosterjakobsberg.de
www.klosterjakobsberg.de

MESCHEDE
Abtei Königsmünster

Auf eine Einladung der sauerländischen Stadt Meschede hin entsandte die Erzabtei St. Ottilien im Jahr 1928 eine Gründungsgruppe von zwölf Mönchen.

Die Abtei Königsmünster ist eine selbstständige Abtei mit 50 Mönchen. Das Kloster wurde im Jahr 1928 von Mönchen der Erzabtei St. Ottilien gegründet. Die Stadt Meschede wünschte sich von den Mönchen ein Gymnasium. So kam der Auftrag für den Unterhalt eines Gymnasiums in die Gründungsurkunde. Heute gehen 680 Schülerinnen und Schüler in dieses Gymnasium, das einen ausgezeichneten Ruf erworben hat. Die Mönche

Oben: Innenraum der Kirche.
Unten: Konventgebäude.

Die Abteikirche in Schiffsform aus dem Jahr 1964.

der Abtei engagieren sich in vielen Bereichen. Junge Menschen werden von dem Jugendzentrum Oase angesprochen. Das Haus der Stille bietet Gelegenheit für Meditation und Kontemplation. Eine Kunstschmiede genießt überregionalen Ruf. Es gibt aber auch eine Schreinerei, Bäckerei, Metzgerei, Weberei und Töpferei. Ein Klosterladen verkauft die eigenen Produkte. In der Missionsprokura engagieren sich Brüder für die Eine Welt und veröffentlichen regelmäßig Berichte aus den Klöstern der Kongregation. ■

Abtei Königsmünster
Klosterberg 11
59872 Meschede
Deutschland
Tel.: +49 291 2995 0
abtei@koenigsmuenster.de
www.koenigsmuenster.de

Map detail (top-left inset):
Main
Schwarzach
Schweinfurter Str.
Bocksbeutelstraße
Weidweg
St2271
Gästehaus
Verwaltung
Schulstr.
Sportanlage
Schule
Kloster
Friedhof
Verlag
Klausurgarten
Fairhandel
Landwirtschaft
Goldschmied
Druckerei
Gärtnerei
Schwenfurter Str.
Sonnenstraße
0   50   100   150 m

Main map:
Schwanfeld
Wipfeld
Kolitzheim
Stammheim
Dipbach
Eisen-heim
Gaifeld
Fahr
Prosselsheim
Ast-heim
Volkach
Nordheim a. M.
Estenfeld
Euerfeld
Brück
Sommerach
Abtei St. Felicitas
St2271
Dettelbach
Bibergau
22
Main
Schwarzach
19
27
19
Rottandorf
7
3
Würzburg
Gerbrunn
8
Mainstockheim
Albersthofen
Großlang-heim
Randersacker
13
Theilheim
Biebelried
Buchbrunn
Kitzingen
3
Westheim
8
Eibelstadt
Rödelsee
19
Iphofen
Winter-hausen
Sommer-hausen
Erlach
7
Mainberg
Sulzfeld a. M.
Michelfeld
Marktsteft
Willanzheim
13
Frickenhausen a. M.
Segnitz
Ochsenfurt
Marktbreit
Tückelhausen
0   1   2   3 km
Obernbreit
Markt Herrensheim

Inset (bottom-left) — Deutschland overview:
DÄNEMARK
Hamburg
Berlin
POLEN
NIEDER-LANDE
DEUTSCHLAND
BELGIEN
Köln
Frankfurt
LUXEMBURG
TSCHECHISCHE REPUBLIK
Abtei St. Felicitas
FRANKREICH
München
ÖSTERREICH
SCHWEIZ
0   50   100 km

MÜNSTERSCHWARZACH
Abtei Sankt Felicitas

Nach der Wiederbesiedlung 1913 durch die Missionsbenediktiner ist die 816 gegründete Abtei heute wieder ein wichtiges Zentrum benediktinischen Lebens.

Die Abtei Münsterschwarzach ist eine selbstständige Abtei mit 98 Mönchen, von denen 25 in der Mission und im Ausland leben. Unter ihnen lebt der bekannte Autor geistlicher Bücher, Pater Anselm Grün. Das ursprüngliche Kloster hatte eine Tradition seit 816 und wurde 1803 säkularisiert. 1913 wurde das Kloster von Mönchen aus der Erzabtei St. Ottilien wiederbesiedelt.

Seit der Wiederbegründung wuchs Münsterschwarzach zu einem der größten Klöster Deutschlands heran. Die Mönche betreiben ein Gymnasium mit 760 Schülerinnen und Schülern, ein großes Gästehaus, Druckerei und Verlag und zahlreiche Werkstätten wie Goldschmiede, Schreinerei, Schmiede, Spenglerei und Lebensmittelbetriebe. Für Ordensleute und Priester in einer Krise unterhält die Abtei das Recollectio-Haus.

Die Land- und Forstwirtschaft nutzt viel Land zur Energiewirtschaft. Die Abtei ist energetisch autonom und verwendet ausnahmslos erneuerbare Energie. Die Missionsprokura ist ein wesentlicher Arbeitsbereich der Mönche und unterstützt zahlreiche Projekte in der ganzen Welt. Dazu gehört ein großer Fair-Handel mit breit gestreuter Produktpalette. ■

Oben: Die Abteikirche mit den vier mächtigen Türmen.
Mitte: Mönchsgemeinschaft der Abtei.
Unten: Einzug der Mönche in die Klosterkirche.

Münsterschwarzach Abtei
Schweinfurter Str. 40
97359 Münsterschwarzach
Deutschland
Tel.: +49 9324 200
presse@abtei-muensterschwarzach.de
prokura@abtei-muensterschwarzach.de
www.abtei-muensterschwarzach.de

SANKT OTTILIEN
Erzabtei Herz Jesu

Mit einer kleinen Schar von Mönchen und Schwestern begann der Beuroner Pater Andreas Amrhein 1887 in St. Ottilien sein Missionshaus.

Die Erzabtei St. Ottilien ist eine selbstständige Abtei mit ungefähr 100 Mönchen, von denen 27 als Missionare oder in anderen Häusern leben.

Pater Andreas Amrhein, ein Mönch der Erzabtei Beuron, kam im Jahr 1887 mit einer kleinen Schar von Mönchen und Schwestern aus Reichenbach nach St. Ottilien. In Reichenbach hatte er 1884 eine Missionsgesellschaft gegründet, die als Gemeinschaft der Regel des heiligen Benedikt folgte. St. Ottilien entwickelte sich rasch zu einem großen Kloster und wurde Mutterkloster der nach ihr benannten Kongregation, während sich die Schwestern ab 1902 zur eigenen Kongregation der Missions-Benediktinerinnen entwickelten. Seit 1914 ist St. Ottilien Erzabtei.

Die Mönche von St. Ottilien betreiben ein Gymnasium mit ca. 750 Schülern, ein Exerzitienhaus, Vieh- und Landwirtschaft, Gärtnerei und vielerlei Werkstätten. Die Klosterprodukte werden in eigenen Läden vermarktet. Eine Biogas- und Holzschnitzelanlage deckt den Energiebedarf. Mit dem angesehenen EOS-Verlag und Druckerei verbreiten die Mönche ihre Spiritualität in der Öffentlichkeit. Die Missionsprokura sorgt für Spendenwerbung für die zahlreichen Projekte unserer Klöster in den armen Ländern dieser Welt.

Auf dem Gelände der Erzabtei St. Ottilien befindet sich das Haus der Kongregation. Hier ist der Sitz des Präses der Kongregation von St. Ottilien und deren Offizialen. In diesem Haus werden alle Aufgaben der Kongregationsleitung koordiniert. ∎

Erzabtei Sankt Ottilien
Erzabtei 1
86941 St. Ottilien
Deutschland
Tel.: +49 8193 710
webmaster@erzabtei.de
www.erzabtei.de

Haus der Kongregation
Erzabtei 13
86941 St. Ottilien
Tel.: +49 8193 71801
prokura@ottilien.de
www.ottilien.org

SCHWEIKLBERG
Abtei Heiligste Dreifaltigkeit

I n der klosterreichen Landschaft Niederbayerns stellt Schweiklberg die jüngste benediktinische Gründung dar. Sie stammt aus dem Jahr 1904.

Die Abtei Schweiklberg ist eine selbstständige Abtei mit 23 Mönchen.

Mönche aus St. Ottilien gründeten das Kloster im Jahr 1904. Der Ort ist eine neue monastische Gründung. Von Anfang an hat die Abtei zahlreiche Missionare in die Länder Afrikas, Asiens und Südamerikas geschickt. Heute konzentrieren sich die Mönche auf Aufgaben in Deutschland. Mit der Missionsprokura und Kontakt zu den früheren Missionsklöstern setzen sie aber auch die Aufgaben der Gründungszeit fort.

In Schweiklberg gibt es eine Realschule, ein großes neu renoviertes Gästehaus, Gärtnerei, Schreinerei, eine Kerzenzieherei und die Produktion des Hausmittels: „Schweiklberger Geist". Mit einem großen Wasserkraftwerk und einer Biomasseanlage produziert Schweiklberg die Energie für den Eigenbedarf.

In der Kirche mit großer Orgel finden viele kulturelle Veranstaltungen statt. Das Kloster ist offen für Rat und Hilfe suchende Menschen. ■

Oben: Apsisraum der Abteikirche.
Unten: Abendstimmung in Schweiklberg.
Links: Blick auf den Klosterfriedhof und die Konventgebäude.

Abtei Schweiklberg
Schweiklberg 1
94471 Vilshofen
Deutschland
Tel.: +49 8541 209 0
webmaster@schweiklberg.de
www.schweiklberg.de

KUMILY
Priorat Sankt Michael

Das Priorat St. Michael liegt auf 1000 m Höhe in den dicht bewaldeten Kardamom-Bergen, welche sich am östlichen Rand des Bundesstaates Kerala befinden.

Das Kloster in Kumily ist ein abhängiges Priorat mit 13 Mönchen. Es untersteht dem Abtpräses und dem Kongregationsrat.

Ein Weltpriester, Pater Zacharias Kuruppacheril, schloss sich zusammen mit einigen jungen Männern im Jahr 1987 der Kongregation von St. Ottilien an. Das Kloster folgt im Chorgebet und in der Heiligen Messe dem syromalabarischen Ritus.

Das Kloster liegt in Kerala in den Bergen und unterhält pastorale und soziale Einrichtungen wie ein Exerzitienhaus, ein Internat für mittellose Jungen und ein Haus für religiös interessierte junge Männer. Auf dem Gelände werden Gewürze angebaut und Schweine und Kleintiere gehalten. Eine größere Gummifarm sorgt für weiteres Einkommen. Mönche aus Kumily leben in Langata, Ndanda und Inkamana und tragen die Aufgaben der Missionsbenediktiner mit. ■

Oben: Das Kloster ist im landesüblichen Stil errichtet.
Unten: Arbeiten in der Gewürzplantage.

St. Michael's Benedictine Priory
Angel Valley, Kumily
Murukady 685 535, Idukki Dt.
Kerala
India
Tel.: +91 486 222 238
angelben@md3.vsnl.net.in

Unten links: Kandidaten der Klostergemeinschaft.
Unten rechts: Kinder im Waisenhaus.

Todenyang
Lapurr
1481
C47
Ft. Banya
Lokitaung
Illeret
Cella St. Petrus der Fischer
Darer
2156 El Dima
Obot
Sabarei
2243
Faille
Jibisu
1544
Dibandiba
1056
1149
Dilo
1597
Gamud
2495
Jenya
1067
Farole
1887
Dukaria
978
North
Island
Sibiloi
National-
park
Lake
Chew
Bahir
Laga Balal
Laga Kore
Bololi
Laga Rimbo
Huri
1252
1308
Lake
Turkana
Derati
Moiti Hill
1067
Central
Island
Gajos
Hurran Hurra
C82
North Horr
1524
Kalokol
Lokwakangole
Central Island
Nationalpark
B4
Eliye Springs
Turkwel
(Lake
Rudolph)
Kerio
El Molo
C77
Kalacha Dida
C82
Maikona
Loyangalani
Mount Kulal
2285
Balesa
South Island
1130
C77
Kargi
Marsabit
National
Park
C82
A2
Choba
South Island
Nationalpark
Andrew's Vulcano
1067
Lake
Logipi
Suguta
Mowongo
Sowan
2752
Tum
South Horr
Marsabit
1054
A2
Lokuloko
C46
South Turkana
National Reserve
Kangetet
Lokori
C46
1004
Suguta
Kerio
1964
Ndoto
2534
Ilaut
Baio
1751
Losai
1419
Laisamis
Laga Merille
Napeitom
Baragoi
2637
2507
Losai
National
Reserve
Kollosia
Amaler
1525
C113
Marti
1626
Suiyian
2288
A2
Koiya
Morijo
Lodosoit
0   15   30 km

Inset map:
SUDAN
Illeret
Kalokol
Cella St. Petrus der Fischer
Äthiopien
ÄTHIOPIEN
UGANDA
Lake Turkana
Marsabit
SOMALIA
KENYA
Lake Victoria
Nairobi
TANSANIA
Indian
Ocean
0   100 km

ILLERET
Cella Sankt Petrus der Fischer

Seit Januar 2002 betreut die Gemeinschaft von Tigoni eine Missionsstation im nordkenianischen Ort Illeret, nahe der äthiopischen Grenze.

Illeret ist eine Missionsstation und abhängiges Haus des Klosters Tigoni in Kenia. Es leben dort drei Mönche, die zur Abtei Tigoni gehören.

Seit 2002 betreuen Mönche aus Tigoni die Pfarrei Illeret, die im Norden Kenias in der Nähe des Turkanasees und der Grenze zu Äthiopien liegt.

Pater Florian von Bayern leitet die Station. Die Hauptaufgabe ist die Pastoral der in der Umgebung lebenden Nomadenvölker. Seit 2014 wird eine mobile Schule für Nomaden betrieben, die ein neuartiges System des Unterrichts für Menschen entwickelt hat, die ein Nomadenleben führen. ■

Oben: Auf schwierigem Gelände.
Mitte: Pater Florian mit Schulkindern.
Unten: Junge Christen.

www.illeret.org

LANGATA
Studienhaus Sankt Gregorius

Seit 1999 wohnen und studieren die Theologiestudenten der Klöster Tigoni und Tororo in Langata, einem Vorort von Nairobi.

Das Studienhaus untersteht direkt dem Abtpräses und dem Kongregationsrat. Der Leiter des Hauses und der Verwaltung werden vom Abtpräses ernannt. Es wird vollständig von den Missionsprokuratoren finanziert. Das Haus bietet 30 Studenten aus allen Klöstern, bevorzugt aus Afrika, die Möglichkeit zum Studium der Theologie und zu anderen weiterführenden Studien. Es liegt in Langata, einem Vorort Nairobis. Von dort können verschiedene Hochschulen und Universitäten besucht werden. Das Haus ist seit der Gründung immer voll belegt. ▪

Benedictine Study House
P.O. Box 15675
Mbagathi 00503
Kenya
osb.study@wananchi.com

Oben: Kapelle des Studienhauses.
Mitte: Student bei gottesdienstlicher Lesung.
Unten: Eingangsbereich des Studienhauses.

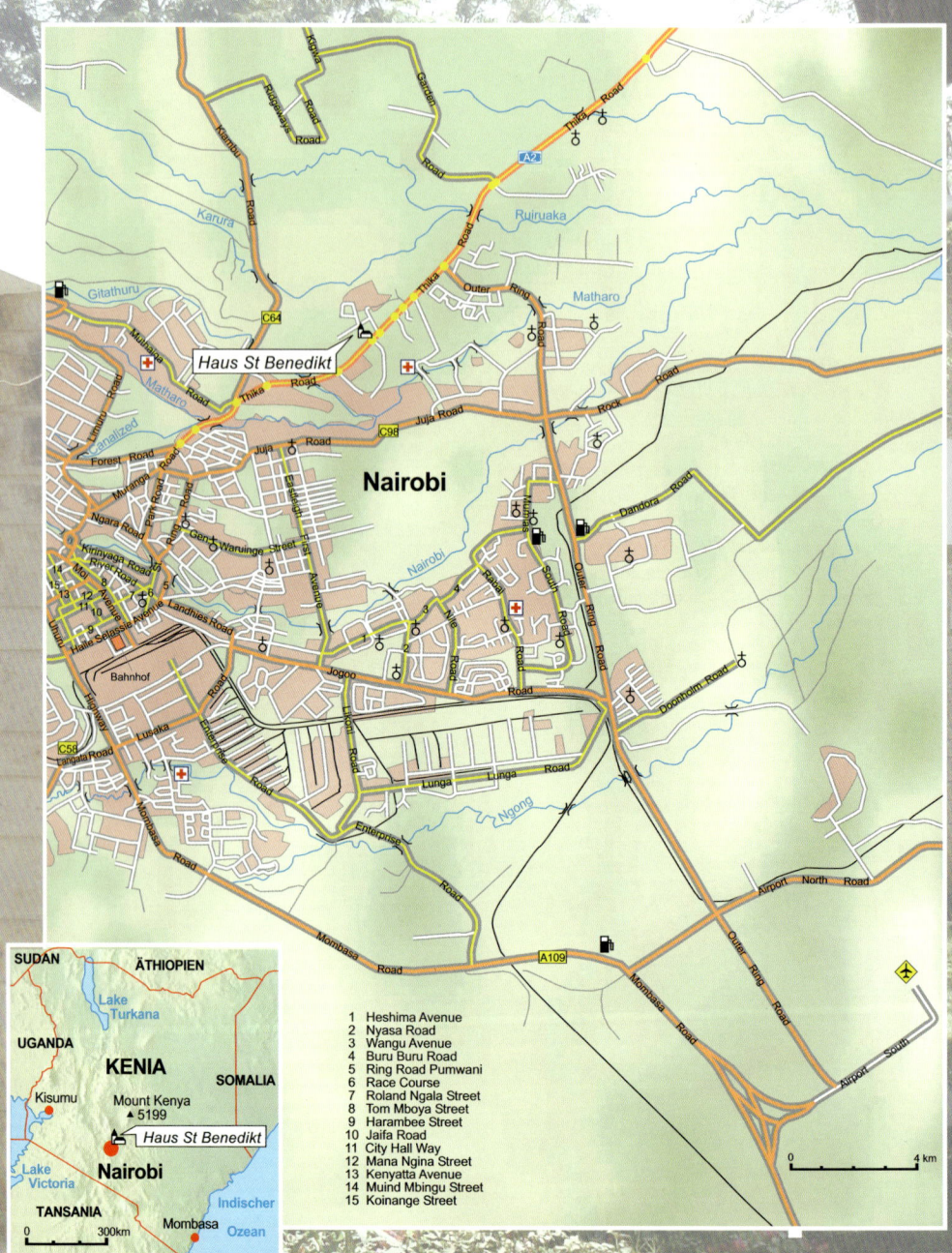

Nairobi

Haus St Benedikt

KENIA

SUDAN   ÄTHIOPIEN

UGANDA

Mount Kenya
▲ 5199

Nairobi

TANSANIA

Indischer
Ozean

Mombasa

Lake
Victoria

Kisumu

Lake
Turkana

SOMALIA

Haus St Benedikt

0   300km

1   Heshima Avenue
2   Nyasa Road
3   Wangu Avenue
4   Buru Buru Road
5   Ring Road Pumwani
6   Race Course
7   Roland Ngala Street
8   Tom Mboya Street
9   Harambee Street
10 Jaifa Road
11 City Hall Way
12 Mana Ngina Street
13 Kenyatta Avenue
14 Muind Mbingu Street
15 Koinange Street

0   4 km

NAIROBI
Haus Sankt Benedikt

Die Wiege des missions-
benediktinischen Wirkens in Kenia liegt
im Kloster „Sankt Benedikt" in Nairobi.

Das Kloster Sankt Benedikt ist ein abhängiges Haus der
Abtei Tigoni. Es leben dort fünf Mönche.
Missionsbenediktiner aus Peramiho, Tansania, gründeten das Haus 1978. Ursprünglich sollte an diesem Ort,
Ruaraka, einem Stadtviertel von Nairobi, das Hauptkloster errichtet werden. Die Mönche zogen dafür aber
den außerhalb von Nairobi gelegenen Ort Tigoni vor.
So steht den Mönchen im Haus Sankt Benedikt eine
großzügige Wohnanlage zur Verfügung. Dazu kommen
eine Pfarrkirche, ein Konferenzzentrum, eine Volksschule und ein Berufsschulzentrum. Das Haus St. Benedikt
liegt in der Nähe des großen Slums Mathare-Valley. Die
Aktivitäten der Mönche dienen vor allem diesen Menschen in Not und Bedrängnis. So soll der Volksschule
ein Internat hinzugefügt werden und das Amani-Konfe-
renzzentrum neu gebaut werden. ◼

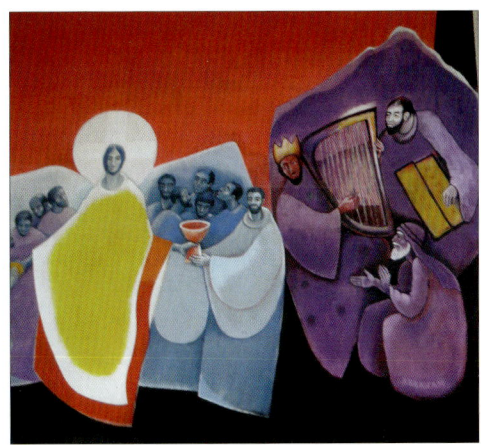

Oben: Blick zum Kloster.
Unten: Wandgemälde in der Klosterkirche.

St. Benedict's Monastery
P.O. Box 32101
Nairobi
Kenya

Map of the Mount Kenya region with inset map showing location in Kenya, between Äthiopien (Ethiopia) and Tansania (Tanzania). Key locations include:

Loruk, Chemoigut, Mukutan, 2105, Samaki, Lake Baringo, Nosuguro, Salabani, Loimihango, Ol Doinyo Ngiro, Samburu National Reserve, Archers Post, Mangal, Logumukum, 2273, Tandaro, 1977, Buffalo Springs National Reserve, Sandai, 1844, Don Doi, 2124, Kampi Ya Chumvi, Maji Ya Moto, Lake Bogoria, Ol Ngarua, Rumuruti, Laikipia, 2234, Al Jiju, Loragai, Isiolo, Bogoria National Reserve, 2608, Mugurin, Chepkererat, 1912, Hulmes Bridge, 2591, Timau, 1735, Kirua, Ngendal, 2610, Nyahururu, Ndaragwa, 2137, Nanyuki, Burgure Halt, Haus ULF von Mount Kenya, Kithaku, MERU, Kithirune, Lomolo, 1884, Kisinana, Solai, Milton's Siding, Ngobit, Ongobit, Mount Kenia, Mount Kenia National Park, Nikubu, Kanyekine, Mc Call's, Subukia, Ol Joro Orok, Lamuria, 3894, Kionyo, Igoji, Siding, Ol Punyata, Sabugo, Kaheho, Naro Moru, 5199, 4985, 2783, Keria, Chogoria, Nakuru, Dundori, Ol Kalou, 3365, Gatarakwa, Kabaru, Mutindwa, Chuka, Lanet, Mibaruk, 3999, Aberdare National Park, Mweiga, Nyeri Station, Hombe, Kamweti, Irangi, Gathanda-ini, Pavillon, Wanjohi, Giakaibij, Chehe, Ruayenbo, Lake Nakuru, Oleolondo, Karlandus, 3349, Kipipiri, Nyeri, Tusha, Kigogoini, Mucharo, Karatina, Ibwagi, Kagumo, Kiamutug, Nembure, Erta, Elmenteitai, Gititu, Ndiaini, Gadhiinro, Makaungu, Kianja, Embu, Gilgi, Ilkek, Kairuthi, Gichichi, Othaya, Gakurwe, Murijii, Kiamuri, North Kinangop, Kiamutura, Gumba, Mugeka, Kagio, Musonoke, Morendat, 3906, Kanyenyaini, Gitugu, Gathukiini, Koimbi, Sagana, Thiba, Kiritiri, Naivasha, Muriyu, South Kinangop, Githioro, Kigumo, Kiahiti, Murang'a, Wamumu, Iriamurai, Suswa, Gatakaini, Githurnu, Kiarutara, Maragua, Karaba, Mwea National Reserve, Mavuria, Kamae, Chomo, Saba Saba, Kandara, Karinuha, Riakanau, Lengonot, Kijabe, Gakoe, Kirwara, Kabati, Santamor Halt, Kaewa, 1850, Longonot National Park, Magina, Kabati, Kititu, Masinga, Matathia, Karinga, Mangu, Mitubiri, Klima Mbogo, Kilima, Nzukini, Uplands, Kambaa, Githunguri, Gatundu, Thika, Kangonde, Limuru, Ndumberi, Nembu, 2146, Kyanzavi, Yatta, Matuu, Tigoni, Kiambu, Ruiru, Kalimoni, Kithimani, Mugu, Kamugugu, Kahawa, Ol Doinyo Sapuk Nationalpark, Dandora, Tala, Kalbaa, Kundo, Kinyala, Nachu, Nairobi, Embak, Mitaboni, Kathiani, Kivaani, Syathani, Katangi, Karen, Marimbeti, Mutondo, Myondoni, Makutano, Wamuriyu, Ngong, 2461, Kiserian, Nairobi National Park, Machakos, Ngelani, C87, Masil, Lema, 2357, 2460, Olepolos, Lukenya, Kaani, Tawa, Miu, Uaani, 1625, Oltepesi, Stony Athi, Kitooni, Kiatineni, Mosque

Inset map: ÄTHIOPIEN, KENIA, Haus ULF von Mount Kenya, NAIROBI, TANSANIA

0   10   20   30 km

NANYUKI
Haus Unserer Lieben Frau von Mount Kenya

Oben: Blick auf den Mount Kenya.
Mitte: Die neue Kirche.
Unten: Eingang zum Gelände von Bible on the ground.

Das Kloster am Fuß des Mount Kenya zieht durch seinen Bibelpark zahlreiche Besucher an.

Das Gelände des heutigen Klosters war ursprünglich eine Kolonialfarm. Die Besitzerin schenkte die Farm mit allen Gebäuden im Jahr 1979 den Missionsbenediktinern. Ursprünglich wurden hier die Novizen und Postulanten ausgebildet. Inzwischen hat sich das Kloster zu einem bedeutenden spirituellen Ort gebildet, zu dem Menschen zu Exerzitien und geistlicher Erneuerung kommen. Ein Mönch von Tigoni entwickelte eine neuartige, der afrikanischen Mentalität entsprechenden Methode zur Bibelpastoral, der sogenannten „Bible on the Ground". Durch ein herrlich angelegtes Gelände führt ein Weg mit Stationen, die mit Bibelstellen gekennzeichnet sind. In den letzten Jahren wurden neue Unterkünfte und eine neue, sehr ansprechende Kirche gebaut. ◾

Benedictine Monastery
P.O. Box 163
Nanyuki
Kenya

Abtei Friedensfürst

Map labels

Tulaga • 3906 • Gathukilni
Morendat • Kanyenyaini • Gitugu • Koimbi • C72
A104 • Naivasha • Githioro • South Kinangop • Githurnu • Kiahiti
Lake Naivasha • Crescent Island Sanctuary • C67 • Gatakaini • Kiarutara • Kigumo
Suswa • Chomo • Kandara
Longonot • Kamae • Gakoe • Kirwara • Thika
Hell's Gate National Park • 1850 • Kijabe • Magina • Karinga • C66 • Mangu • Thika
Longonot • 2777 • Matathia • Mangu • Gatundu
Longonot National Park • Uplands • Kambaa • Githunguri • C65 • Nembu • Kalimon
Suswa • B3 • 2366 • Gatundu
Suswa • A104 • Limuru • Tigoni • Ndumberi • Kiambu • A2
Susua • 2357 • Muguga • Ndenderu • Kahawa • C64
Thigio • Kamuguga • C98 • Dandora
Nachu • 2138 • Kikuyu • Nairobi • Nairobi (Wilson) • Nairobi (Jomo Kenyatta International)
Kabete • Karen • Embakasi • Marimbeti
Ngong • Nairobi National Park • Athi River • A109 • 1836
C58 • 2461 • Kiserian • Lukenya
Ngong Hills • 2460 • Olepolos • Stony Athi
Oltepesi • C58 • Olorgesailie National Monument • A104 • Isinya • Kapiti Plains Estate

Inset map

Sudan • Äthiopien
Lake Rudolf (Lake Turkana)
Uganda • Kenia • Somalia
Abtei Friedensfürst
Nairobi
Lake Victoria
Tansania • Indischer Ozean
0 100 km

TIGONI
Abtei Friedensfürst

Oben: Mönche beim Chorgebet.
Unten: In der Klosterkirche.

Zu Beginn der siebziger
Jahre begaben sich einige Mönche der
Abtei Peramiho (Tansania) nach Kenia, um
im Keriotal eine Erstmission aufzubauen.

Zur Abtei Tigoni zählen 48 Mönchen. Sie liegt auf 2400
Meter Höhe über dem Meer und ist umgeben von Farm-
land und Wald. Nachdem der Platz in Nairobi für ein
Hauptkloster nicht ausreichte, wurde es an diesen Ort
verlegt. Die Gebäude wurden neu errichtet und die Gemeinschaft zog 1993 ein. Schon 1988 war das Kloster
zum Konventualpriorat erhoben worden, als die Mönche
noch in Nairobi lebten, und im Jahr 2000 zur Abtei.

In Tigoni findet vor allem die Bildung des Nachwuchses
statt. Dazu betreiben die Mönche ein Gästehaus, eine
Teefarm, einen Garten, eine Metzgerei und Bäckerei. Sie
halten auch Kühe und Schweine und erzeugen aus deren
Dung Biogas. Viele Menschen der Umgebung kommen
zum Gottesdienst in die Klosterkirche. ◼

Benedictine Abbey Tigoni
P.O. Box 900
Limuru
Kenya
Tel.: +254 772 23 63 30
osbtigonipriory@yahoo.com

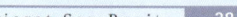

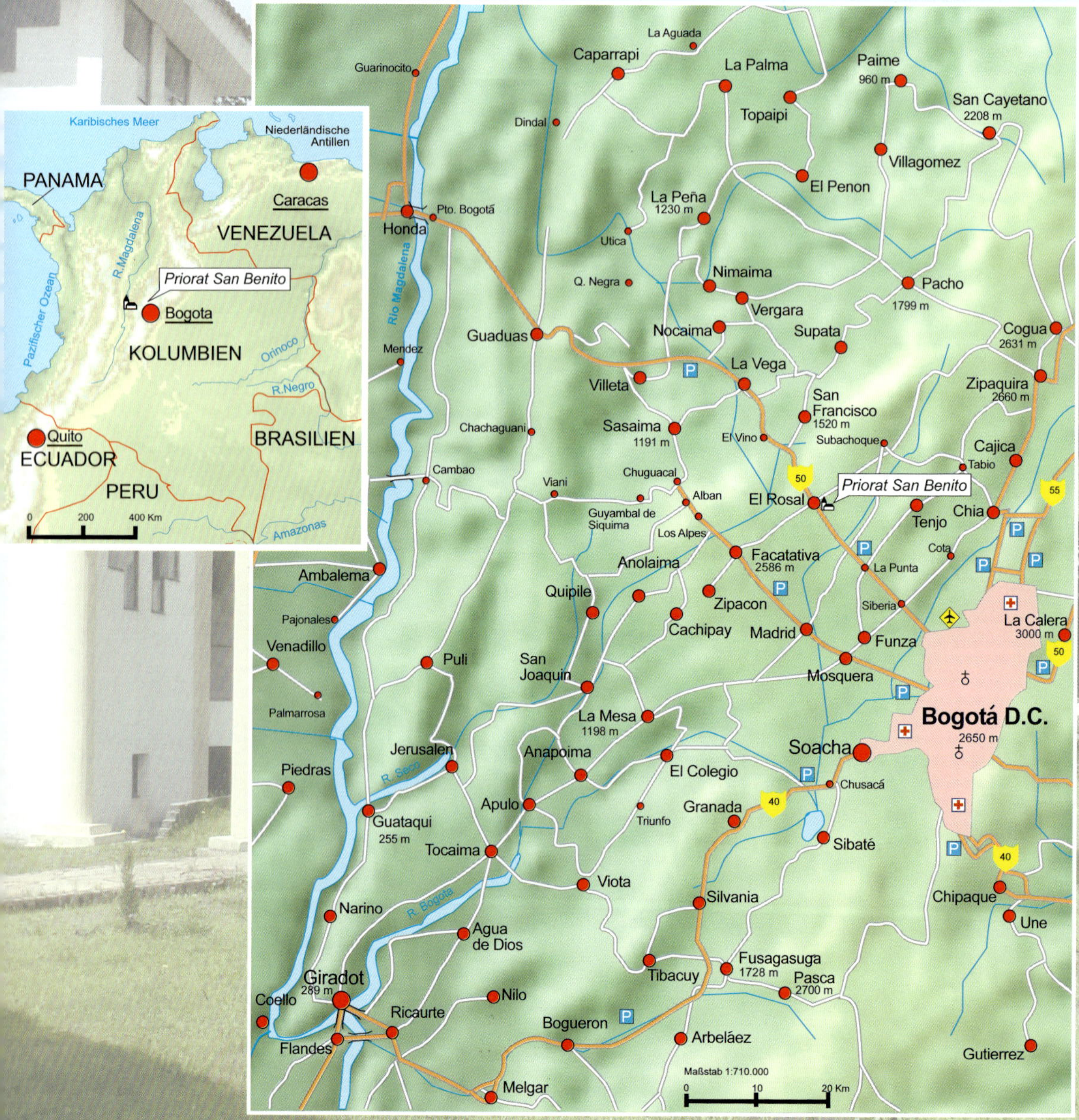

Inset map

Karibisches Meer

PANAMA

Niederländische Antillen

Caracas

VENEZUELA

Priorat San Benito

Bogota

KOLUMBIEN

Pazifischer Ozean

R. Magdalena

Orinoco

R. Negro

BRASILIEN

Quito

ECUADOR

PERU

Amazonas

0   200   400 Km

Main map

Guarinocito

La Aguada

Caparrapi

La Palma

Paime
960 m

San Cayetano
2208 m

Dindal

Topaipi

Villagomez

Pto. Bogotá

El Penon

Honda

La Peña
1230 m

Utica

Nimaima

Pacho
1799 m

Q. Negra

Vergara

Cogua
2631 m

Guaduas

Nocaima

Supata

Zipaquira
2660 m

Villeta

La Vega

San
Francisco
1520 m

Cajica

Mendez

Sasaima
1191 m

El Vino

Subachoque

Tabio

Chachaguani

Chuguacal

Priorat San Benito

Chia

Cambao

Viani

Alban

El Rosal

Tenjo

55

Guyambal de
Siquima

Los Alpes

Cota

Ambalema

Anolaima

Facatativa
2586 m

La Punta

Siberia

50

Pajonales

Quipile

Zipacon

Madrid

La Calera
3000 m

Venadillo

Puli

Cachipay

Funza

50

Palmarrosa

San
Joaquin

Mosquera

Bogotá D.C.
2650 m

Piedras

Jerusalen

La Mesa
1198 m

Soacha

Anapoima

El Colegio

Chusacá

Apulo

Triunfo

Granada

40

Guataqui
255 m

Tocaima

Sibaté

Narino

Viota

Silvania

Chipaque

Agua
de Dios

Une

Giradot
289 m

Fusagasuga
1728 m

Pasca
2700 m

Tibacuy

Coello

Nilo

Ricaurte

Bogueron

Arbeláez

Flandes

Gutierrez

Melgar

Maßstab 1:710.000

0   10   20 Km

R. Magdalena

R. Seco

R. Bogota

EL ROSAL
Priorat San Benito

Auf der Suche nach neuen Berufungen begannen sich die Mönche der Abtei San José del Avila, Caracas (Venezuela) in den fünfziger Jahren in Kolumbien umzusehen.

Das Priorat El Rosal ist ein unabhängiges Konventualpriorat mit 10 Mönchen. Es liegt in dem Städtchen El Rosal, eine Stunde Autofahrt entfernt von Bogotá, der Hauptstadt Kolumbiens. Aufgrund der Höhe auf 2700 Meter über dem Meer hat das Kloster trotz geographischer Lage in den Tropen ein kühles Klima. Mönche aus der damaligen Abtei San José del Avila, in Caracas, Venezuela, gründeten das Kloster 1961. 1992 wurde es zum Konven-

Oben: Der innere Klosterbereich.
Mitte: Blick auf die Klosterkirche.
Unten: In der Schreinerei.

tualpriorat erhoben. Das Klostergelände war ursprünglich eine Farm und das alte Farmhaus steht noch heute im Zentrum der Anlage. Die Mönche führen ein eher kontemplatives Leben und heißen Gäste willkommen. Sie empfangen große Gruppen an Tagesgästen und können im Gästeflügel ungefähr 30 Personen unterbringen. Sie betreiben eine Schreinerei als größeren Handwerksbetrieb. Wegen der geringen Zahl der Mönche sind Land- und Viehwirtschaft verpachtet. ■

Padres Benedictinos
El Rosal
Apdo. Aereo 26177
Bogotá, D.C.
Columbia
osbelrosal@hotmail.com

Inset map (Korea overview):

Pjöngjang
NORDKOREA
Japanisches Meer
Seoul
SÜDKOREA
Gelbes Meer
Haus St. Benedikt
Pusan
Koreastraße
JAPAN

0   200   400 km

Main map (Busan):

Kongdoksan

35

Kumjongsan

Kumjong

Haus St. Benedikt

Kyejwasan
Woonbongsan

Puk

14

Tongnae

B

B

Chiljomsan

14

Kumjongbong

Kumjongsan

Pusanjin

Yonje

31

14

Haeundae

31

Suyong

Sasang

14

Kubongsan

Sujongsan

B

Kangso

Kudoksan

Sunghaksan

Tong

Nam

Changsambong

So

Ch'ömasan

Bonghwasan

Yongdo-gu

Saha

0   2   4 km

Lower right inset:

0   2   4 km

Haus St. Benedikt

BUSAN
Haus Sankt Benedikt

Als die koreanischen Mönche der Abtei Tokwon vor der kommunistischen Armee aus Nordkorea flüchteten, sammelten sie sich 1951 zunächst in Busan.

Das Exerzitienhaus untersteht der Abtei Waegwan und es leben hier 8 Mönche. Es liegt in einem ruhigen Waldstück in der Nähe der großen Hafenstadt Busan. Die Mönche der Abtei Waegwan bauten das Haus 1967 für Exerzitien und Tagungen. Das große Grundstück lädt zum Spaziergang und zur Meditation ein. ■

Oben: Einfahrt zum Exerzitienhaus.
Links: Im großzügig angelegten Park.

Benedictine Monastery
and Retreat House
145-16, Oryundae-ro, Geumjeong-gu
Busan 46255
Korea
Tel: +82 51 582 45 73
bundobusan@naver.com
blog.naver.com/bundobusan

Haus St. Benedikt

GEUMNAM
Haus Sankt Benedikt

Oben: *Die Mahlzeiten in großen Speisesälen werden im traditionellen Stil eingenommen.*
Unten: *Die Kirche im Mittelpunkt der kleinen Siedlung.*

Die Abtei Waegwan betreut ein umfangreiches Altersheim, das in Form eines kleinen Dorfes angelegt ist.

Das Altersheim befindet sich ungefähr 8 km südlich von Kloster Waegwan und ist von dort schnell zu erreichen. Es leben dort fünf Mönche. Das Heim für mittellose alte Menschen wurde 1992 von Sonsan an den heutigen Standort Geumnam verlegt, um eine bessere Verbindung zur Abtei zu ermöglichen. Im Mittelpunkt des Dorfes liegt die Kirche, die auf einer Seite von Gemeinschaftsräumen wie Speisesaal, Küche, Krankenabteilung umgeben ist und auf der anderen Seite von fünf Gebäuden. Dort befinden sich die Zimmer der Bewohner des Dorfes. Das Dorfleben trägt in gewisser Weise klösterliche Züge: die Bewohner beten und arbeiten gemeinsam in Garten, Küche oder leisten Mitbewohnern, die hilfsbedürftig sind, Unterstützung. ■

St. Benedict's Village for the Aged
39 Geumnam 4-gil, Waegwan-up
Chilgok-gun, Gyeongbuk 39912
Korea
Tel: +82 54 976 7575
aged@catholic.or.kr
www.osb.or.kr/aged

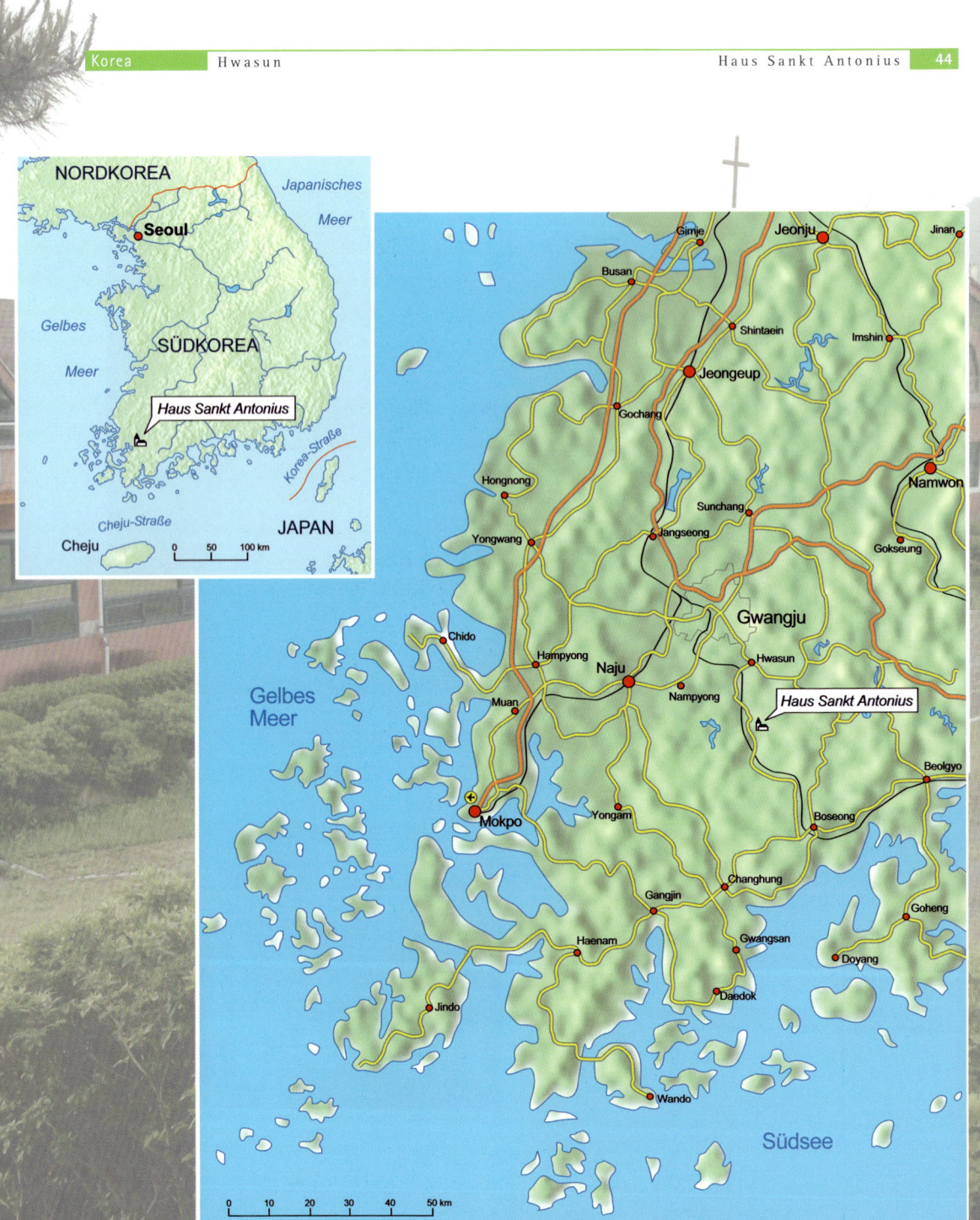

NORDKOREA

Japanisches

Meer

Seoul

Gelbes

Meer

SÜDKOREA

Haus Sankt Antonius

Korea-Straße

Cheju-Straße

JAPAN

Cheju

0   50   100 km

Gimje

Jeonju

Jinan

Busan

Shintaein

Imshin

Jeongeup

Gochang

Namwon

Hongnong

Sunchang

Gokseung

Yongwang

Jangseong

Gwangju

Chido

Hampyong

Naju

Hwasun

Haus Sankt Antonius

Gelbes
Meer

Muan

Nampyong

Beolgyo

Mokpo

Yongam

Boseong

Changhung

Goheng

Gangjin

Haenam

Gwangsan

Doyang

Daedok

Jindo

Wando

Südsee

0   10   20   30   40   50 km

HWASUN
Haus Sankt Antonius

Die frühere Nutzung als Restaurant stellte die Klosterneugründung von 2006 vor manche Herausforderung.

Hwasun ist ein abhängiges Haus der Abtei Waegwan mit sechs Mönchen. Die Mönche von Waegwan eröffneten im Jahr 2006 das kleine Kloster, um in einer Gegend präsent zu werden, aus der viele Berufungen kamen. Das Gebäude war ursprünglich ein Restaurant. Nach einem Umbau können Mönche dort wohnen und Einzelgäste empfangen. Das dazugehörige Land von 4,5 Hektar erlaubt eine Landwirtschaft. Da gerade in der Gründungsphase das Mutterhaus Waegwan niederbrannte, fehlten die Mittel zum weiteren Ausbau. Bislang beschränken sich die hier lebenden Mönche auf Arbeit zum Lebensunterhalt, das Stundengebet und die Betreuung von Gästen. ■

Oben: Die Neugründung in einem ehemaligen Restaurant.
Unten: Die Klostergemeinschaft von Hwasun.

Benedictine Monastery
1385 Hakpo-ro, Chunyangmyen
Hwasun-gun, Jeonnam 58159
Tel: +82 61 371 6644
hsbenedict@naver.com
www.hsosb.or.kr

NAMYANGJU
Priorat Sankt Joseph

Das Kloster entstand aus dem Anliegen heraus, monastisches Leben in traditionellen koreanischen Formen zu pflegen.

Das Kloster Namyangju ist ein selbstständiges Konventualpriorat mit 12 Mönchen. Das Kloster wurde am Stadtrand von Seoul im Jahr 1987 als abhängiges Priorat von Waegwan errichtet. 2014 wurde es zum Konventualpriorat erhoben.

Die Mönche pflegen einen traditionell koreanischen Lebensstil und führen ein kontemplatives Leben. Zum Lebensunterhalt dienen die Landwirtschaft und die Unterbringung von Gästen. Das Kloster besitzt einige Häuser, in denen die Gäste sich selbst versorgen können, am Gebet der Mönche teilnehmen und auch spirituelle Einzelbetreuung erhalten. ■

Oben: Das Kloster ist landschaftlich schön gelegen.
Links: Hauskapelle.

St. Joseph's Monastery
105-75 Buramsan-ro
Namyangju-si, Gyeonggi-do 12100
Korea
Tel. +82 31 527 81 15
m.osb.joseph@gmail.com
www.benedict.kr

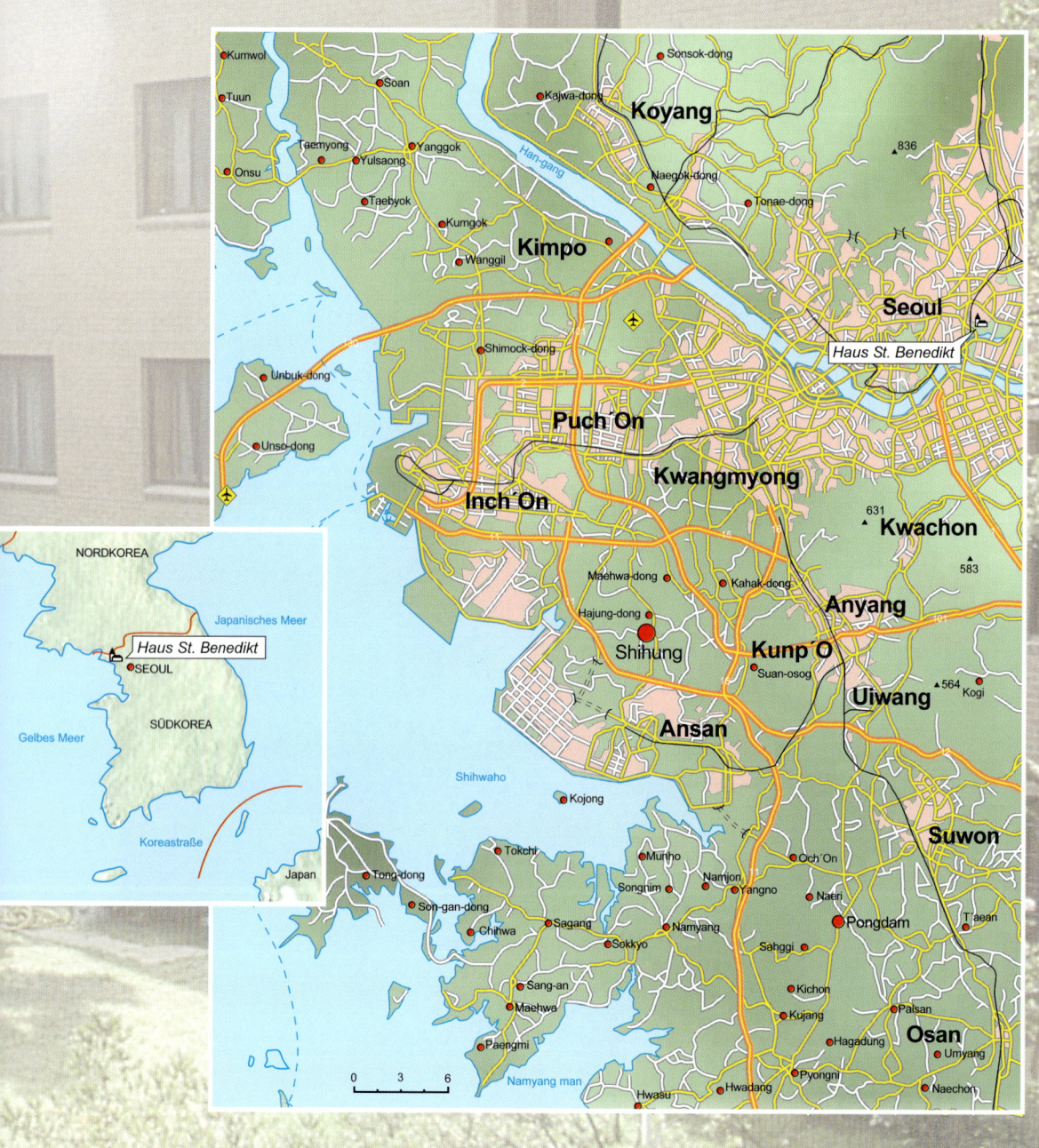

SEOUL
Haus Sankt Benedikt

Haus St. Benedikt wurde am 15. April 1958 im Zentrum der Hauptstadt Koreas, Seoul, gegründet.

Das Kloster ist ein abhängiges Haus der Abtei Waegwan mit sieben Mönchen. Es wurde 1958 gegründet und liegt mitten im Zentrum der Millionenstadt Seoul. Damit kehrten die Benediktiner an den Ort zurück, an dem im Jahr 1909 die Mission begann. Das damalige Kloster in Seoul wurde in den 1920er Jahren verkauft, als man in den Norden zu einer Neugründung gezogen war. Heute ist Seoul ein Exerzitienhaus und beherbergt den Verlag der Abtei Waegwan, der im gleichen Gebäude auch einen großen Buchladen betreibt. ■

Oben: Das Klostergebäude liegt zentral in der Landeshauptstadt.
Mitte: Kleine Oase im Innenbereich.
Links: Im Buchladen gibt es ein reiches Angebot an religiöser Literatur sowie die Verlagserzeugnisse der „Benedict Press".

Benedictine Monastery
14, Jangchungdan-ro 4-gil, Jung-gu
Jung-gu, Seoul 04606
Korea
Tel. +82 2 2273 63 94
beneret@catholic.or.kr

Tschedong
Pjöngjang
NORDKOREA
Japanisches Meer
Seoul
Han
SÜDKOREA
Gelbes Meer
Abtei St.Maurus und Placidus
Naktong
JAPAN
Koreastraße
0   100 km

Angye
Kuma Highway
Uiseong
Gusan-gong
Seongsan
Gundwi
Jacheon
Kyongbu Highway
Gumi
Geumoson Provincial Park
Silyeong
Gimcheon
Palgongsan National Park   1201
Yangmog
Abtei St.Maurus und Placidus
Waegwan
Yeongcheon
Seongju
Hayang
Changcheon
Lasa
Daegu Flughafen
Kyongbu Highway
Kuma Highway
Daegu (Taegu)
Yongjeong
Gyeongsan   Jain
Gayasan National Park
Olympic Highway
Goryong
Nongong
1134
Naktong
1084
Hapchon See
Hapchon
Changnyeong
Kuma Highway
Miryang
0   5   10 km

WAEGWAN
Abtei Sankt Maurus und Placidus

Das benediktinische Leben in Waegwan wurde zu Beginn der 1950er Jahre von koreanischen Mönchen begründet.

Die Abtei Waegwan ist eine unabhängige Abtei mit 118 Mönchen. Im Juni 1952 gründeten koreanische Mönche das Kloster. Sie alle kamen aus der Abtei Tokwon in Nordkorea. Sie hatten die kommunistische Machtübernahme überlebt und konnten in den Süden fliehen. Später kamen einige der alten Missionare aus Europa zurück, denen sich einige junge Neumissionare anschlossen. Gemeinsam bauten sie das Kloster auf, das 1956 zum Konventualpriorat und 1964 zur Abtei erhoben wurde. Das Kloster entwickelte sich zu einem blühenden monastischen Zentrum. Die Abtei betreibt zahlreiche Aktivitäten, eine höhere Schule, Gäste- und Exerzitienhaus, Druckerei und Verlag, Goldschmiede, Buntglasherstellung für Kirchen, Schreinerei, Metzgerei, Gärtnerei und Landwirtschaft. Die Mönche der Abtei sind eng mit der Bevölkerung verbunden. Die Oblatengemeinschaft der Abtei ist die größte ihrer Art im Benediktinerorden. In jüngerer Zeit engagiert sich Waegwan zunehmend missionarisch. Ein Missionar lebt in Kuba, und die Missionsprokura ist sehr aktiv und unterstützt zahlreiche Projekte. 2002 übernahm Waegwan die ehemalige Abtei Newton als einfaches Priorat. Im Jahr 2007 brannten große Teile des Klosters ab. Mit großer Energie bauten die Mönche eine neue Kirche und die Hälfte des Klosters neu. Heute ist Waegwan ein modernes Kloster mit Ausstrahlung im eigenen Land und in die ganze Welt. ◼

Links oben: Das neu errichtete Kloster.
Rechts oben: Gelübdeablegung in der Abteikirche.
Links unten: In der Buchhandlung des Klosters.

Waegwan Abbey
61 Gwanmun-ro, Waegwan-up, Chilgok-gun
Gyeongbuk 39889
Korea
Tel. +82 54 970 20 00
osb@catholic.or.kr
www.osb.or.kr

Golf von Mexiko

Stadt-kloster

Havanna

Santa Cruz
del Norte

Campo Florido

Jaruco

Embalse
Mampostón

Santiago de
Las Vegas

San José de
Las Lajas

Priorat Erscheinung
des Herrn

Bejucal

San Antonio
de las Vegas

Quivicán

Guines

Melena
L Sur

USA

Priorat Erscheinung
des Herrn

Havanna

Matanzas

Pinar del Río

Cienfuegos

Santa Clara

BAHAMAS

KUBA

Holguín

Manzanillo

Bayamo

Guantánamo

Santiago
de Cuba

0   250 km

Karibisches Meer

0   5 km

HAVANNA
Priorat Erscheinung des Herrn

Oben: Kloster in Containern.
Unten links: Ablegung von Gelübden.
Unten rechts: Klosterkirche in der Stadt.

Noch im Gründungsstadium befindet sich die Niederlassung der Missionsbenediktiner, die nicht weit von der kubanischen Hauptstadt Havanna entstehen soll.

Das Kloster ist ein abhängiges Priorat mit 5 Mönchen. Es untersteht dem Abtpräses und dem Kongregationsrat. Das Haus liegt auf einem 95 Hektar großen Gelände in der Nähe von S. José de las Lajas 35 Kilometer südöstlich vom Zentrum der Hauptstadt.
Bei einem Besuch von Papst Johannes Paul II. genehmigte die Regierung die Gründung eines Klosters. Über Umwege gelang der Auftrag einer Klostergründung an die Kongregation von St. Ottilien. 2008 brach die Gründungsmannschaft nach Kuba auf. Die Gruppe bestand aus Mönchen von Togo, Deutschland und den Philippi-

nen. Zunächst zogen die Mönche in ein leer stehendes Karmelitenkloster mitten in der Stadt ein. Dann gelang es, ein großes Grundstück von der Regierung zu bekommen. Dort wurden sehr einfache Häuser errichtet, in denen die Mönche zurzeit wohnen. Das Stadtkloster wird weiter benutzt. Jetzt steht der Bau des Klosters an. Dort wollen die Mönche eine geistliche Heimat für suchende Menschen aufbauen. Ein Kubaner ist bereits eingetreten. Im Jahr 2019 besteht die Gemeinschaft aus Mönchen aus den Philippinen, Korea und Kuba. ∎

Monjes Benedictinos
Iglesia El Carmelo
Calle Linea # 1114
Esq a 16, Vedado
Ciudad de La Habana
C.P. 10400
Kuba

TANSANIA
SAMBIA
MALAWI
SIMBABWE
MOSAMBIK
Haus St. Pachomius
Indischer Ozean
Maputo

B2
B2
Mtwara
Madimba
Mbawala
Rovuma Bay
Quionga
A19
Nanyamba
Lilombe
Tansania
Mosambik
Rovuma
A19
Tansania
Mosambik
Palma
Olombé
Nangade
Haus St. Pachomius
N'nango
N380
Diaca
Quirimbas
N380
Narere

0   10   20km

N'nango
Haus Sankt Pachomius

Mit dem neu gegründeten Kloster N'nango im nördlichen Mosambik wollen die Benediktiner zum Aufbau des schwer geprüften Landes beitragen.

N'nango ist ein abhängiges Haus der Abtei Ndanda, das im Jahr 2015 gegründet wurde. Das Kloster liegt im Norden Mosambiks und südlich der Stadt Mocímboa. Mit der Gründung in N'nango beleben die Mönche von Ndanda ihren missionarischen Auftrag. Bewusst haben sie einen Ort in einem anderen Land gewählt, das von den Schrecken des Bürgerkriegs besonders heimgesucht worden war. Auch heute machen muslimische Terroristen das Land unsicher und haben bei einem Überfall 2020 Teile des Klosters zerstört. Das Grundstück grenzt direkt an die Hauptstraße, die in den Süden führt. Von hier aus wollen die Mönche ihre Seelsorge organisieren und eine Krankenstation errichten. ■

Oben: Am Eingang des 2019 errichteten Klosters.
Unten: Errichtung eines Missionskreuzes.

N'nango
Beneditinos
Communidade de Mocímboa
Mocímbua da Praia
Moçambique
nnango.osb@gmail.com

ANGOLA

Haus St. Bonifaz

Atlantischer
Ozean

Windhoek

BOTSWANA

NAMIBIA

SÜDAFRIKA

0   250   500 km

WALDFRIEDEN
Haus Sankt Bonifaz

Oben: Eingang der Klosterkirche.
Unten: Kindergottesdienst.

I n den 1990er Jahren intensivierten sich die Kontakte der Abtei Inkamana nach Namibia.

Das Kloster ist ein abhängiges Haus der Abtei Inkamana in Südafrika mit zwei Mönchen. Da viele Berufungen von Inkamana aus Namibia kamen, beschloss die Abtei Inkamana dort im Jahr 1998 ein Haus zu gründen. Der Erzbischof von Windhoek bot den Mönchen die Pfarrei Waldfrieden an.

Es handelt sich um eine Pfarrei mit Internat für Kinder der Landarbeiter. In dem nahe gelegenen Städtchen Omaruru liegt die Pfarrei. Die Mönche kümmern sich um die Gebäude und die Seelsorge. Vorerst werden dort keine Mönche aufgenommen. Die Mönche planen, ein Kloster an einem Ort zu gründen, der der Gemeinschaft dann auch gehört. ∎

Benedictine Monastery Waldfrieden
P.O. Box 97
Omaruru
Namibia
Tel. +264 64 570 824
waldfrieden@omaruru.na

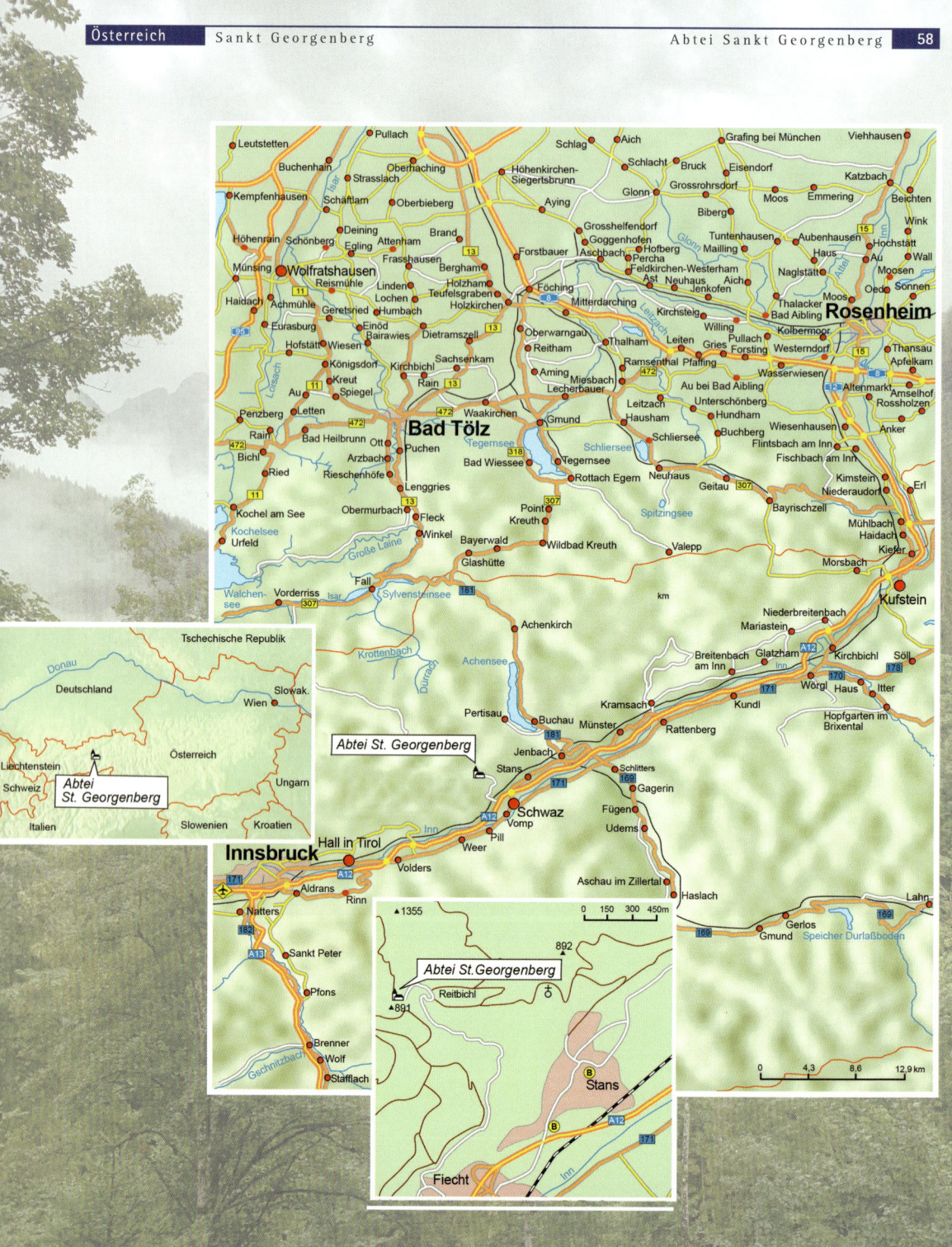

SANKT GEORGENBERG
Abtei Sankt Georgenberg

Um das Jahr 900 zog sich ein bayerischer Edelmann aus dem Geschlecht der Rapotonen, Rathold von Aibling, in die Bergeinsamkeit des wilden Stallentals in Tirol als Einsiedler zurück.

Sankt Georgenberg ist eine selbstständige Abtei mit 9 Mönchen. Es besitzt eine ununterbrochene Geschichte seit dem Jahr 1138. Damals entstand ein Wallfahrtsort auf dem Georgenberg inmitten hoher Berge unweit des Inntals. Auch die später entstandene Abtei unterhielt weiter den Pilgerort mit dem Gnadenbild der Schmerzhaften Mutter. Bis zum heutigen Tag pilgern zahlreiche Menschen jedes Jahr auf den Georgenberg. Da das Kloster auf dem Berg mehrmals durch Feuer zerstört wurde, errichteten die Mönche 1706 ein Kloster im Inntal im Dorf Fiecht. Bis 2019 wohnten die Mönche hier. Wegen Nachwuchsmangel wurde es immer schwieriger, das große Gebäude im Tal zu bewirtschaften. Daher entschlossen sich die Mönche, das Kloster Fiecht zu verkaufen und den Georgenberg wieder zum Hauptsitz der Abtei zu machen. Die Aufgaben der Mönche bestehen in der Seelsorge für die Pilger und Gäste und der Bewirtschaftung des Klostergrunds. ∎

Oben: In wilder Bergeinsamkeit in den Tiroler Bergen gelegen und nur über beschwerliche Fußwege zu erreichen – die viel besuchte Marienwallfahrt des Georgenbergs. Links: Eingang zum Kloster.

Abtei St. Georgenberg
6135 Stans
Österreich
Tel. +43 524263786
www.st-georgenberg.at

CHINA   TAIWAN

Südchinesisches Meer

Pazifik

Manila

PHILIPPINEN

Kolleg St. Anselm

Davao

MALAYSIA

0   250 km

Antipas
Santo Tomas
Carmen
Tagum
Maco
Panabo
Mabini
Maragusan (San Mariano)
Lasang
Bunawan
Kingking
Pantukan
Presidente Roxas
Babak
Matiao
Kolleg St.Anselm
Peña Plata
Calinan
Mintal
Buso
Magpet
Davao
Mati
Mt. Apo Nationalpark
Kidapawan
Kaputian
Banaybanay
Pujada Bay
Makilala
Inawayan
Dadaotan
Bagacay
Pangubatan
Dawan
Mt. Apo 2954
Roxas
Lupon
Manikling
Bulacanon
Astorga
San Isidro
Santa Cruz
Baon
Abaka
Matanao
La Union
Mt.Hamiguitan 1633
Bansalan
Digos
Governardor Generoso
Mantanao
Hagonoy
Davao Gulf
Padada
Monserat
Philippine Eagle Nature Reserve
Sulop
Malalag
Luzon
Kiblawan
Bolton
Santa Maria
Tiblawan
Tubalan
Surup
Pundaguitan
Malita
Banga
Lais
Tupi
Talagutong
Cape San Augustin
Mt. Matutum 2293
Polomoloc
Malungon
Bayabas
Mt. Latian 1612
General Santos (Dadiangas)
Lagao
Kalian
Buayan
Lamitan
Parker Volcamp 2293
Alabel
Tambler
Lun Pequeno
Mangili
Sarangani Bay
Malapatan
Culaman
Bailat
Sapu Masala
Jose Abad Santos (Trinidad)
Katubao
Maasim Malbang
Glan
Baliton
Pangyan
Margus Pequeno   Butalan
Dome Peak 2293
Kalipagan   Batulaki   Camalian

0   15 km

Kolleg St. Anselm
GSIS Subdivision
Davao Memorial Park
Major Seminary
university of Min. Matina Campus
Matina
Coca Cola Village
Davao Matina Gollera
Davao City Golf Club
Ateneo de Davao High school
Uspher Inn
Saint Paul Church
Davao Executive Homes
Philippine Women's College
Dona Luisa Subdivision
Park Square Inn
Sandawa Plaza
Bolton Bridge
Mosque   Quimpo Blvd.
Agro Industrial College
Davao Overland Transport Terminal

DAVAO
Kolleg Sankt Anselm

Bald nach der Klostergründung von Digos fanden sich die ersten Novizen ein. Daher erwarb die Klostergemeinschaft im Jahr 1987 in einem Wohnviertel von Davao ein Einfamilienhaus.

Das Kolleg ist ein abhängiges Haus des Priorates Digos. Ein Mönch von Digos leitet das Haus mit einer wechselnden Zahl von Studenten.
Das Haus wurde 1987 als Studienhaus errichtet. Von hier aus können die Studenten zu Fuß das Priesterseminar der Diözese erreichen. Das Haus liegt auf einem Hügel mit herrlichem Blick auf die Bucht von Davao. ■

Benedictine Study House St. Anselm
P.O. Box 80524
8000 Davao City
Philippines
Tel. +63 82 298 1103
Anselm@skyinct.net

Oben: Blick auf das Studienhaus.
Links: Im Orchidarium, das zum Hausunterhalt beiträgt.

▲ 1875

▲ 1889

Magpet

▲ 2693

Mount Apo
▲ 2954

Makilala

Mount Apo Nationalpark

Calinan

Davao

Babak

Talomo

Daliao

Roxas

Astorga

Santa Cruz

Davao Golf

Matanao

Digos

Priorat St. Benedikt

Bansalan

Hagonoy

Padada

Bolton

Sulop

Malalag

Santa Maria

0   250 km

Südchinesisches
Meer

Pazifischer Ozean

Manila

Philippinen

Sulusee

Davao

Priorat St. Benedikt

0   10 km

DIGOS
Priorat Sankt Benedikt

Umwachsen vom Palmen liegt das junge philippinische Kloster auf der Insel Mindanao, im südlichen Teil des Inselreiches.

Digos ist ein unabhängiges Konventualpriorat mit 22 Mönchen, von denen zwei in der Mission in Kuba leben. Drei Mönche aus Deutschland und zwei aus Korea gründeten 1983 das Kloster. Inzwischen leben nur noch einheimische Mönche hier. Sie betreiben ein Exerzitienhaus, das 2018 um einen Neubau erweitert wurde. Die Priestermönche betreuen die nahegelegene Abtei der Benediktinerinnen von Kogon und übernehmen Aushilfen in der Diözese. Auf dem Gelände des Klosters betreiben die Mönche Landwirtschaft, Viehhaltung und Milchverarbeitung und eine Klinik. Diese Klinik betreut als Sendeprogramm die Fürsorge für psychisch Kranke, die kostenlos behandelt werden. Zu Digos gehört das Studienhaus St. Anselm in Davao, wo auch Benediktiner aus anderen Klöstern studieren können. ∎

Oben: Klosterkirche mit dem frei stehenden Glockenturm.
Mitte: Milchverkauf.
Unten: Beim Gottesdienst.

St. Benedict's Monastery
8002 Digos City
Philippines
Tel. +63 82 553 7009
osbdigos@yahoo.com

Priorat St. Theresia

Katibunga

Matupa

Chikwanda

Machango

Sankula

Mpika   Kalulu

Chibeleka

Kanuti

10 km

Mporokoso

Senga Hill

Mpande

TANSANIA

Tunduma

Nakonde

Kayambi

Rosa

Makasa

Kaputa

Chimba

Mbesuma

Kaoma

Nseluka

Mulilansolo

Isoka

Kasama

Mungwi

Kalinda

Luwingu

Bwebe

Chinsali

Luena

Llondola

Lundu

Kasaba

Nsombo

Matumbo

Kalitiki

Lubwe

Chilubi

Shiwa Ngandu

Tembwe

Mofu

Isangano
National
Park

Mbali

Kasangala

Chitembo

Priorat St. Theresia

Chikwa

Samfya

Mpanta

Chalabesa

Katibunga

Chunga

Lake
Kampolombo

Sankula

Twingi

Kopa

Nord
Luangwa

Mpika

National

Park

Chilonga

Mukuku

Kazembe

Lavushi
Manda

Chipundu

National
Park

Chitungulu

Kasanka
National
Park

Nsalamu

Süd

Luambe
National
Park

Mwanya

Lukusuzi
National
Park

Kanoria

Luangwa

Mfuwe

National

DEMOKRATISCHE REPUBLIK

KONGO

TANSANIA

Katibunga

Priorat St. Theresia

ANGOLA

SAMBIA

IMA-
LAWI

Lusiwasi

Park

MOSAMBIQUE

Lusaka

Serenje

Chintankwa

ZIMBABWE

Chipata

MALAWI

200 km

NAMIBIA

Mshawa

40 km

Chisenga

KATIBUNGA
Priorat Sankt Theresia

Die klösterliche Niederlassung wurde 1987 ins Leben gerufen, um Ordensberufungen aus Sambia den Weg nach Tansania zu erleichtern.

Katibunga ist ein von der Abtei Hanga abhängiges Priorat mit 30 Mönchen. Missionsbenediktiner der Abtei Hanga gründeten 1987 das Kloster, das ursprünglich eine Pfarrei der Weißen Väter war. Es standen noch einige alte Gebäude, die sich in schlechtem Zustand befanden. In den Folgejahren wurden ein neues Kloster und eine neue Kirche gebaut. Katibunga bekam das Recht, ein eigenes Noviziat zu führen. So vergrößerte sich die Gemeinschaft rasch.

Heute betreiben die Mönche die Pfarrei mit zahlreichen Außenposten, einen Werkstatthof mit Schreinerei, Kfz-Werkstatt, Elektrik und einer Mühle. Das Kloster konnte viel Land erwerben, das für Anbau von Feldfrüchten, Obst und Bäumen genutzt wird. Auch Schweine, Kühe und Fischteiche finden sich auf dem Gelände. Da Katibunga vor zwei Jahren an das preiswerte staatliche Stromnetz angeschlossen wurde, können auch Maschinen genutzt werden. Das Kloster soll bald von der Mutterabtei unabhängig werden. ◼

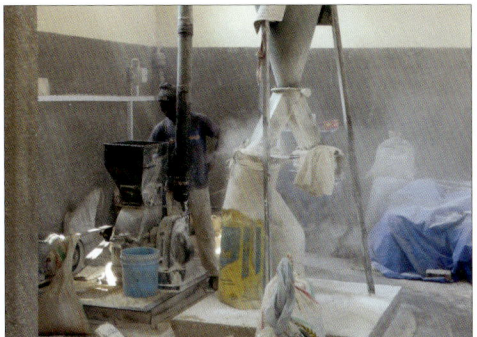

Oben: Eingang zum Kloster.
Mitte: In der Maismühle.
Unten: Der Werkstättenbereich.
Links: Pflege der Anlagen.

Benedictine Monastery Katibunga
P.O. Box 450014
Mpika
Zambia
katibungamonastery@yahoo.com

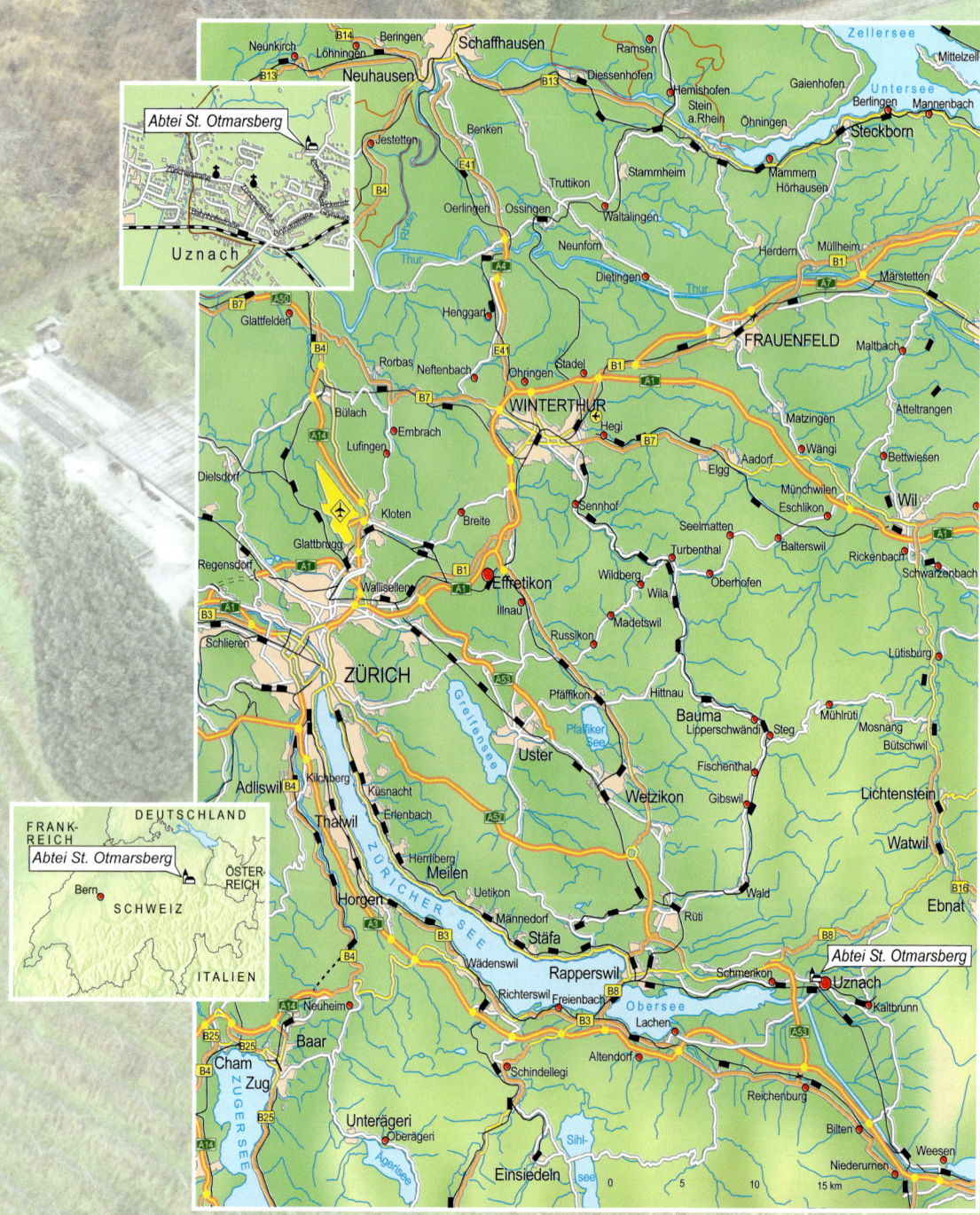

Abtei St. Otmarsberg

Uznach

FRANK-
REICH   DEUTSCHLAND
Abtei St. Otmarsberg
                            ÖSTER-
        Bern   REICH
               SCHWEIZ

ITALIEN

Luftbild der Klosteranlage.

UZNACH
Abtei Sankt Otmarsberg

Bereits der Gründer der Benediktinerkongregation von St. Ottilien, P. Andreas
Amrhein (1844-1927), war Schweizer
und bald darauf folgten ihm weitere
Landsleute auf seinem missions-
benediktinischen Weg nach.

Sankt Otmarsberg ist eine unabhängige Abtei mit 17
Mönchen.
In den ersten Jahrzehnten der Kongregation traten viele
Schweizer in St. Ottilien ein. So lag es nahe, dort ein
Haus zu gründen. Dies geschah im Jahr 1919 zunächst
als Missionsprokura. Eine weitere Gemeinschaft wurde
in Freiburg gegründet, das 1947 zum Konventualpriorat
erhoben wurde. 1959 wurden die Gemeinschaften in
Uznach vereint und ein Neubau errichtet. 1982 wurde
das Priorat zur Abtei erhoben.
Von Anfang an zeigten die Mitbrüder in der Schweiz
großen missionarischen Eifer. Die relativ kleine Gemeinschaft sandte Mönche in die Klöster in der ganzen Welt
und half mit bedeutsamen Mitteln und viel Einsatz, die
Missionsklöster aufzubauen.
Heute konzentrieren sich die Mönche weiter auf die
Missionsarbeit und bieten Menschen, die auf der Suche
sind, Hilfe und Rat. ∎

Abtei St. Otmarsberg
Postfach 135
8730 Uznach
Schweiz
Tel. +41 5528 58111
st.otmarsberg@abtei-uznach.ch
www.abtei-uznach.ch

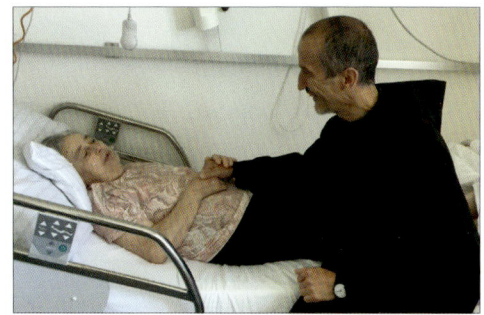

Rechts oben: Klostergemeinschaft von St. Otmarsberg.
Rechts unten: Pater Matthias beim Krankenbesuch.

RABANAL
Haus San Salvador

Ende der 1990er Jahre reifte in vier jungen Mönchen der Entschluss, das weitgehend kontemplativ geprägte Klosterleben Spaniens durch eine aktiver ausgerichtete Klosterform zu bereichern.

Rabanal ist ein von der Erzabtei St. Ottilien abhängiges Haus mit drei Mönchen. Es liegt am Pilgerweg nach Santiago de Compostela. 1998 schlossen sich vier spanische Mönche St. Ottilien an und gründeten das kleine Kloster in Rabanal. Dieses Dörfchen war nahezu verlassen. Die stark zunehmende Zahl der Pilger nach Santiago belebte es neu und viele Einwohner kamen zurück und betreiben heute eine Pilgerunterkunft. Die Mönche in Rabanal leben im klösterlichen Rhythmus und betreuen die Pilger. In einem kleinen Gästehaus können Pilger auch mehrere Tage wohnen und am Leben der Mönche teilnehmen. ◼

Oben: Kloster San Salvador de Monte Irago.
Unten: Beim Gottesdienst in der romanischen Dorfkirche.

Monasterio del Monte Irago
Calvario 6
24722 Rabanal del Camino
Spanien
Tel. +34 987 691 277
monteirago@gmail.com
www.monteirago.org

Inset map (top left)

NAMIBIA
ZIMBABWE
BOTSWANA
MOZAMBIQUE
Pretoria
SWAZILAND
Abtei Herz Jesu
SÜDAFRIKA
LESOTHO
Indischer Ozean

Main map

SWAZILAND

Dirkiesdorp
Moolman
Nhlangano
Mooiplaats
Nsoko
Sihangwane
Dwaleni
Mhlosoni
Ngwavuma
Sihlutse
Lüneburg
Commondale
Pongola
Bhadeni
Pongola
Pongola
Poort Dam
Paulpietersburg
Simalangjeta
Opuzane
Italia Nature Reserve
Pongola
Jozini
Natal Spa
Mugudu
Ubombo
Louwsburg
Mkuze
Mkuze
Mkuzi Game Reserve
Vryheid   Hlobane
Abtei Herz Jesu
Ngome
Langkrans
Bloedrivier
Royal Kraal
Kingsley
Swart
Nongoma
St. Matthews
Hluhluwe
Emondlo
Glückstadt
Black Umfolozi
St. Pauls
Oedusizi
Nqutu
Hlabisa
Vant's Drift
White Umfolozi
Mahlabatini
Hluhluwe Umfolozi Park
Kwo Mahlathi
Silutshana
Ulundi
Lake St. Lucia
Fort Louis
Babanango
St. Lucia
Owen's Cutting
Mkumeyana
Mtubatuba
St. Lucia Wetland Park
Pomeroy
Riverview
Buffels
Nkandla   Melmoth
Tugela Ferry
Ndundulu
Mome
Mhlatuze
Nkawaleni
Ngwelezana
Empangeni
Arboretum
Richards Bay
Eshowe
Felixton
Esikhawini
Gingindlovu
Mtunzini
Isithbebe   Amatikulu
INDISCHER OZEAN
Mandini
Tugela
Tugela
Darnall
Stanger
Zinkwazi Beach

0   15   30   45 km

Inset map (bottom, Abtei Herz Jesu)

Abwasser
N
W   O
S
Wäscherei
Mädchen Unterkünfte
Bewässertes Feld
Farm
Tennisplatz
Abtei Herz Jesu
Farm
Konvent
Bewässertes Feld
Schulküche
Kirche
Gästehäuser
Workshops
Kloster
Jungen Unterkünfte
Fussballplatz
High School
Spielplatz
Lehrerunterkünfte
zur Straße nach Vryheid-Melmoth
Friedhof
High School
Primary school
Halle
Wasserspeicher
Kral

INKAMANA
Abtei Herz Jesu

Am 1. September 1921 vertraute der Vatikan den Missionsbenediktinern ein neues Einsatzgebiet im Zululand in Südafrika an.

Inkamana ist eine unabhängige Abtei mit 34 Mönchen. Das Kloster liegt in der Nähe der Kleinstadt Vryheid mitten im Zululand Südafrikas. Die ersten Mönche der Ottilianer Kongregation kamen 1922 dorthin. Im Zululand wollte der damalige Obere Bischof Spreiter kein monastisches Zentrum errichten, sondern sich vornehmlich auf die Missionsarbeit konzentrieren. Deswegen wurde erst im Jahr 1961 Inkamana zum einfachen Priorat erhoben. 1968 wurde es als Konventualpriorat unabhängig und 1982 Abtei.

Auf dem Gelände der Abtei betreiben die Mönche eine hoch angesehene höhere Schule mit Internat. Ein schönes Gästehaus lädt zu ruhigen Tagen und Exerzitien ein. Hinzu kommen kleinere Handwerksbetriebe und Landwirtschaft. Weiterhin sind die Mönche als Mitarbeiter der Diözese in einigen Pfarreien tätig und betreuen seelsorgerlich mehrere Frauenklöster. ■

Oben: Blick über die Klostergebäude auf die mächtige Abteikirche.
Unten: Beim Schulunterricht.

Benedictine Abbey Inkamana
P/Bag X 9333
Vryheid 3100
South Africa
Tel. +27 34 982 2577
Inkamana@corpdial.co.za
www.inkamana.org

Prokura St. Placidus

DAR ES SALAAM
Prokura Sankt Placidus

Oben: Eingangsbereich der Prokura.
Mitte: Büro des Hausleiters.
Unten: Aufenthaltsraum für Gäste.

In der tansanischen Hafenstadt Dar es Salaam laufen alle Verkehrs- und Transportwege zum Ausland zusammen.

Das abhängige Haus untersteht der Abtei Hanga. Es wohnen dort in der Regel zwei Mönche. Das Haus dient als Gästehaus und Unterkunft für die Mönche, die etwas in der Stadt Dar es Salaam zu erledigen haben. Die hier lebenden Mönche beschaffen Materialien, die die in den weit im Inland liegenden Klöster benötigen und kümmern sich um die Zollabfertigung von Einfuhren. Da die Abteien Peramiho und Ndanda im gleichen Stadtteil ein eigenes Haus besitzen, wird es kurz Kurasini B genannt. ◼

St. Placidus' House
P.O. Box 900
Dar es Salaam
Tanzania
Tel. +255 22 285 0402
stplacidus@cats-net.com

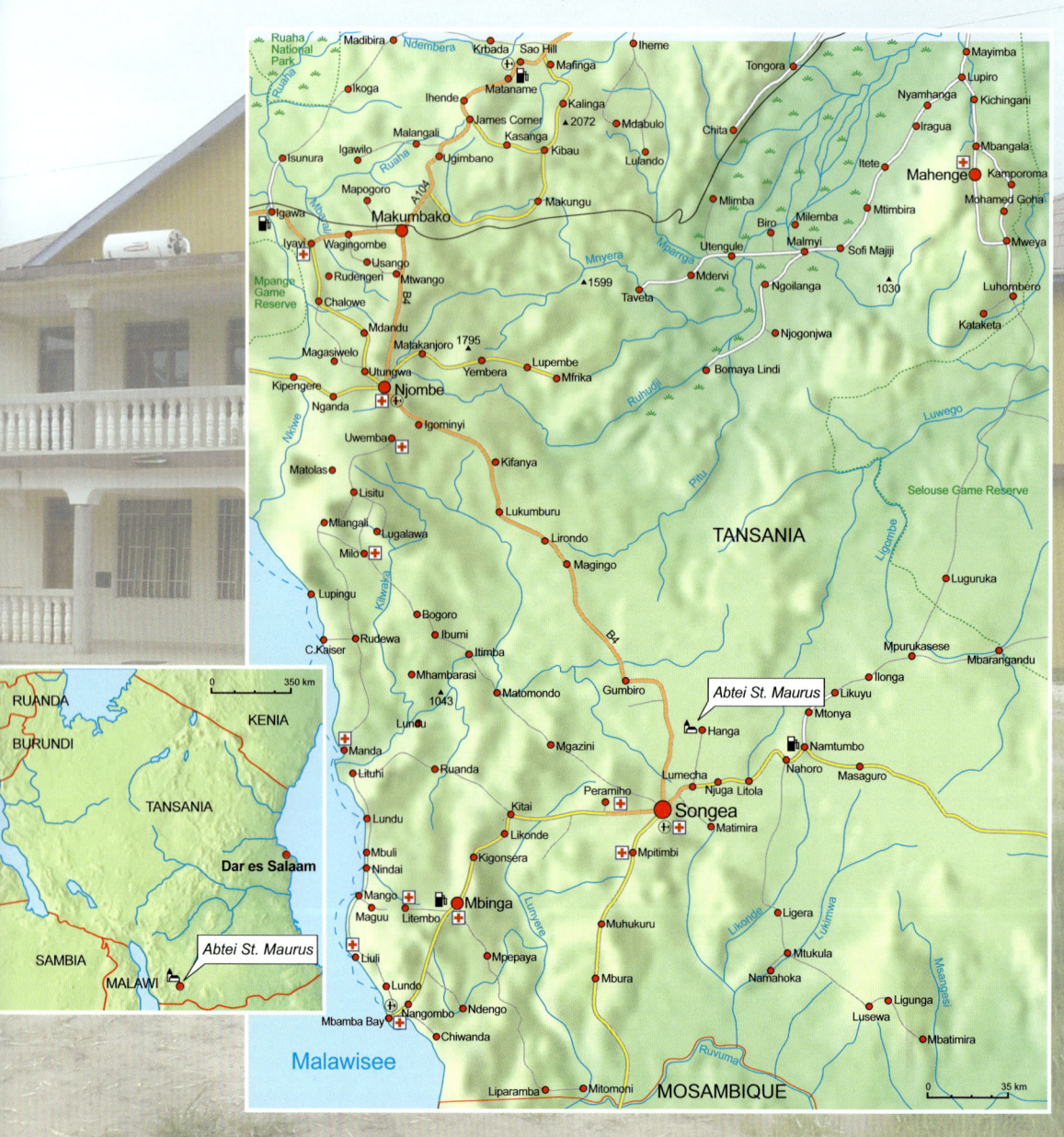

Ruaha National Park

Madibira   Ndembera   Krbada   Sao Hill   Iheme   Tongora   Mayimba

Ikoga   Ihende   Mataname   Mafinga   Chita   Nyamhanga   Lupiro   Kichingani

Isunura   Igawilo   Malangali   James Corner   Kalinga   Mdabulo   Iragua   Mbangala

Mapogoro   Ugimbano   Kasanga   Kibau   Lulando   Itete   Mahenge   Kamporoma

Igawa   Makumbako   Makungu   Mlimba   Mtimbira   Mohamed Goha

Iyayi   Wagingombe   Usango   Biro   Milemba   Mweya

Mpange Game Reserve   Rudengeri   Mtwango   Utengule   Malmyi   Sofi Majiji   Luhombero

Chalowe   Mdandu   Mdervi   Ngoilanga   Kataketa

Magasiwelo   Matakanjoro   1795   Lupembe   Taveta   Njogonjwa

Kipengere   Utungwa   Njombe   Yembera   Mfrika   Bomaya Lindi

Nganda   Igominyi   Luwego

Uwemba   Kifanya   Selouse Game Reserve

Matolas   Lisitu   Lukumburu   Luguruka

Mlangali   Lugalawa   Lirondo   TANSANIA

Milo   Magingo

Lupingu   Bogoro   Mpurukasese   Mbarangandu

C.Kaiser   Rudewa   Ibumi   Itimba   Gumbiro   Ilonga   Likuyu

Mhambarasi   Matomondo   Abtei St. Maurus   Mtonya

1043   Lundu   Hanga   Namtumbo

Manda   Ruanda   Mgazini   Nahoro   Masaguro

Lituhi   Lumecha

Lundu   Kitai   Peramiho   Njuga Litola

Mbuli   Likonde   Songea   Matimira

Nindai   Kigonsera   Mpitimbi

Mango   Litembo   Mbinga   Muhukuru   Ligera

Maguu   Mpepaya   Mtukula

Liuli   Lundo   Mbura   Namahoka

Mbamba Bay   Nangombo   Ndengo   Chiwanda   Lusewa   Ligunga

Malawisee   Liparamba   Mitomoni   MOSAMBIQUE   Mbatimira

Inset map

RUANDA   KENIA

BURUNDI

TANSANIA

Dar es Salaam

SAMBIA

MALAWI   Abtei St. Maurus

0   350 km

0   35 km

HANGA
Abtei Sankt Maurus

Die Abtei genießt große Freiheit bei der Anpassung ihrer Gebräuche an afrikanische Lebensgewohnheiten und Bedürfnisse.

Hanga ist eine unabhängige Abtei mit 141 Mönchen, von denen die Hälfte in abhängigen Häusern lebt. 1957 begannen drei tansanische Mönche in dem Dorf Liganga in der Nähe der Abtei Peramiho monastisches Leben. Als sich mehrere junge Männer der Gemeinschaft anschlossen, wurde es 1960 zum einfachen Priorat erhoben und wenig später nach Hanga verlegt.

Gästebereich des weitläufigen Klosterkomplexes.

Oben: Schulunterricht.
Unten: In der Metallwerkstatt.

Dort im Nordosten von Songea konnte ein großes Gelände für ein neues Kloster erworben werden, das sich in den Folgejahren schnell entwickelte. 1971 wurde es zum Konventualpriorat und 1994 zur Abtei erhoben. Hanga ist heutzutage ein großes monastisches Zentrum mit allem, was ein Benediktinerkloster so bieten kann. Es finden sich dort zwei höhere Schulen, eine Handwerkerschule, eine gut besuchte Klinik. Bekannt ist die Schreinerei, die herausragende Einlegearbeiten produziert, die im ganzen Land begehrt sind. Landwirtschaft, Viehwirtschaft und mehrere Handwerksbetriebe kommen hinzu. Ein großes Gästehaus lädt zu Tagungen und Einkehr ein. Auch unterhält das Kloster eigene Systeme zur Wasser- und Stromversorgung.
Hanga gründete zahlreiche Klöster und Häuser. Eines davon ist die heutige Abtei Mvimwa. Das Priorat Katibunga soll bald selbstständig werden. Zurzeit stehen sechs Häuser unter der Abtei. ■

Benedictines Abbey Hanga
P.O. Box 217
Songea
Tanzania
Tel. 255 260 0970
hanga@peramiho.org
www.hangaabbey.org

Victoriasee

Masachunga   Buguma   Guta
Lamadi   Handajega
Kanyara   Itabagunga   Kalemera   Sapiwi
Kaunda   Lushamba   Nassa   Kilalo   Ngasamo
Arogongo   Nyankalalo   Ututwa
Nyakasungwa   Mujiji   Nyanguge   Nyanguli   Gidamunda
Nyehungwe   Katungulu   Mwanza   Nyakabindi   Mamoto
Nyamboge   Nyakasungwa   B6   Sakuma   Old Maswa   Sagata
Kamanga   Mhango   Somanda   Bumera
Sengerema   Busulwangiri   Mantare   Bukwimba   Bariadi
Sima   Busisi   B6   Luguru
Kagu   Ibanda   Misungwi   Shishivo   Idonalo
Nungwe   Kasama   Mbarika   Ngudu   Malya   Shanwa   Malita   Kimbago
Makurugusi   B163   Igwana   Mwanagwa   Nyamilama   Ilkungu   Maswa   Luguru
Nyakagomba   Geita   Pambani   Mabuki   Runere   Iborogeru   Ya Mbuga
Bubada   Uzilima   Bukwaya   Malampaka   Isagenghe   Mbelagane
Bwanga   Katoro   Nyambale   Kamena   Nyagahengeli   Nyanhonge   Ilula   Seke   Likenejo   Masanwa   Banya
Ruamagaza   Bukoli   Karumwa   Bubiki   Idukiro   Lalago
Diobahika   Igalula   Bangulwa   Nzima   Chamarendi   Idukiro   Sanga Mpuya
Bukombe   Mbogwe   Uzima   Lunguya   Burumira   Mwakilugula   Old   Mwadui   Kishapu
Kombe   Ushirombo   Bukombe   Lyabukande   Shinyanga   Kolandato   Mhunze   Mango
Kabila   Ntobo   Saint   Kilabela   Ibadakuli   Ukenyenge
Busangi   Michael   Mshepo   Usule   Shinyanga   Kasaji
B3   Mkoba   Itwangi   Singida   Samuye   Ng'wanshiku   Kilolele
Ngogwa   Kahama   Budushi   Jomu   Kiningu   Mihama
Nyandekwa   Ilindi   Isagehe   Tunguru   Simbo   Ng'wawomba
Mpunze   Igusale   Igemba   Nata   Chomachankola   Igurubi
Bulungwa   Kisuke   Tulole   B3   Iyije   Bulangamilwa   Itunduru   Isakamaliwa
Ilamelo   Ukune   Malolo   Lububu   Kitangili   Bukawa
Imbika   Bukwimba   Mapama   Itabe   Zimba   Izimba   Mbutu   Selaski
Ulowa   Lushelu   Chambo   Nzega   Miguwa   Ndembezi   Igunga   Shelui
Uyogo   Bukene   Gegeshi   Utwigu   Ulaya
Bukomela   Semembela   Bulunde   Mwanhala   Nkinga   Ngongoro
N'gwande   1382   Isagenge   Sungwizi
Mwanila   Bukumbi   Mwambaha   Mwisi   Urugu
Tubuku   Mbutu   Tumbi
Iseramagazi   Mambali   Nkinaziwa   Busondo   Magulia   Simbo
Ichemba   Ulyankulu   Marogaro   Puge   Ndale   Susi Janda
Nzubuka   Itobo   Mdalagwibwe
Itwanga   Mfuto   Ibiri   1386   Makazi   1245
Ka-Unga   Urambo   Ugowola   Karunde   Kakola   Isikisia
Usisha   Ndona   Uolangulu   Halt   Magiri   Tabora
Ndorobar   Usoke   Mabama   Isengaw   Ityle   Kigwa   Miziwasiwa   Mihama
Kamunduru   Ibeta   Kasengi
Usoke   Pangale   Priorat St. Bernhard   Rubuga
Mission

KIPALAPALA
Priorat Sankt Bernhard

Im Dorf Kipalapala nahe der Stadt Tabora eröffneten die Weißen Väter im 19. Jahrhundert eine der ersten Missionsstationen des Landes.

St. Bernhard ist ein abhängiges Priorat der Abtei Hanga mit vier Mönchen. In dem kleinen Dorf Kipalapala in der Nähe der Stadt Tabor betreibt die Bischofskonferenz Tansania eine zentrale Druckerei. 1984 übernahmen auf Einladung der Bischofskonferenz die Mönche von Hanga die Druckerei und gründeten dazu eine kleine Gemeinschaft. Sie wurde 1992 zum einfachen Priorat erhoben. Die Druckerei hat inzwischen an Bedeutung verloren. Da die Gebäude nicht dem Kloster gehören, ist geplant, den Sitz der Gemeinschaft in die nahe gelegene Gemeinde Tyala zu verlegen. ■

Oben: Die „Tanganyika Mission Press".
Unten: Klostergemeinschaft.

Benedictine Monastery Kipalapala
Tanganyika Mission Press
P.O. Box 314
Tabora
Tanzania

KIPILI
Haus Sankt Bernhard

Haus St. Bernhard wurde von Kloster Mvimwa am 4. Juni 1998 am Ufer des Tanganyikasees, ungefähr 105 km vom Mutterhaus entfernt, gegründet.

Kloster St. Bernhard ist ein abhängiges Haus der Abtei Mvimwa, in dem zwei Mönche leben. 1998 kauften die Mönche ein Grundstück in dem Ort Kipili direkt an den Ufern des Tanganyikasees. Sie errichteten ein einfaches Wohnhaus mit Gästezimmern und ein Haus mit Kapelle und Speiseraum. Der Ort dient zur Erholung von Mönchen und Gästen. Später sollen auch seelsorgerliche Aktivitäten hinzukommen. Das Leben in Kipili ist einfach. Der Ort befindet sich jedoch in paradiesischer Lage mit Blick auf den See und die Ufer des gegenüberliegenden Kongos. ∎

Oben: Blick von Kipili auf den Tanganyikasee.
Unten: Eine der Gästehäuser von St. Bernhard.

St. Bernard's House
Kipili
P.O. Box 591
Sumbawanga
Tanzania

Prokura St. Maurus

Indischer Ozean

SANSIBAR

Sansibar

Indischer Ozean

Morogoro

Dar es Salaam

Prokura St. Maurus

Kisarawe

Bagamoyo

Chalinze

Handeni

Segera

Tanga

Pangani

KURASINI
Prokura Sankt Maurus

Die Station Kurasini gehört zu den ersten Niederlassungen der Missions-benediktiner in Ostafrika.

Kurasini ist zugleich das Gästehaus und die Prokura der Abteien Ndanda und Peramiho. Es leben dort zwei Mönche der Abtei Ndanda, der das Haus unterstellt ist. Seit ihrer Ankunft hatten die Missionsbenediktiner eine Niederlassung in Dar es Salaam. Das erste Haus in Pugu wurde zerstört, das zweite in der Innenstadt von den Engländern nach dem Ersten Weltkrieg enteignet. Bei der Rückkehr der Mönche 1925 wurde im Ortsteil Kura-sini ein neues Haus errichtet, das der Hafenerweiterung in den 1950er Jahren weichen musste. So kam es zum

Oben: Prokura von der Straße aus gesehen.
Unten: Gästehaus.

vierten Bau an der Kilwastraße, der bis heute existiert. Bis heute trägt es den Namen Kurasini.
Heute bietet es moderne Gasträume für bis zu 30 Personen an und hier werden alle Zollformalitäten für die Importe der tansanischen Abteien abgewickelt. Auch Besorgungen für die Klöster im Inland, die in Dar es Salaam erledigt werden können, werden von den hier lebenden Mönchen übernommen. Im Generalkapitel 1950 wurde festgehalten, dass der eigentliche Eigentümer des Hauses die Kongregation von St. Ottilien ist. ■

Benedictine Fathers Kurasini
Procure St. Maurus
P.O. Box 274
Kilwa Road
Dar es Salaam
Tanzania
+255 22 211 3449
bfkur.dsm@dar.bol.co.tz

Oben: Hauskapelle mit Malereien von Pater Polycarp Uehlein.
Unten: Besprechungsraum.

Haus St. Benedikt

Haus St. Benedikt

MBEYA
Haus Sankt Benedikt

H aus St. Benedikt entstand 1993 aus einer Initiative des Ortsbischofs James Dominik Sangu von Mbeya.

Das Haus in Mbeya ist ein Gäste- und Tagungshaus und untersteht der Abtei Hanga. Es wird gemeinsam von Hanga und Mvimwa verwaltet. Es leben drei Mönche aus Hanga und Mvimwa im Haus. Das Haus wurde 1993 in der Stadt Mbeya nahe der Durchgangsstraße errichtet. Mbeya wurde gewählt, weil es auf halbem Weg zwischen Hanga und Mvimwa bzw. Katibunga liegt. Zunächst diente es nur als Gästehaus. 2003 wurde ein Tagungshaus auf dem Grundstück daneben gebaut. Hier finden Tagungen und Einkehrtage statt. ■

Oben: Ruhig gelegen trotz der Nähe zur Stadt Mbeya.
Mitte: Vorbereitung des Mittagessens.
Unten: Innenhof des Gästehauses.

St. Benedict's House
P.O. Box 3067
Mbeya
Tanzania
Tel.: +255 25 250 4471

Simpala 1536 ▲

Mitumba Ikuba
Usevia
Ilalangulu Kakuni
Mbedi
Kisi

Chamzumbe
Igalula
Bulunda 1531 ▲
Legeza
Kitongwa Mwai Lyele
Mkole Tambaruku
Kakaoma Kususi 2228 ▲
Kisensegere
Mulu Ukolo B8
Mfili Namanyere Mambilo
Kacheche Chala
Mkasama Namala Kasisiwa
Takasa
Kasangwa Milundikwa
Kandali Chalangala
Kamwanga Lusembwa
Mvimwa Chalatila Nkundi Fiengalezia
Kihani

Abtei Hl. Geist

B382

Yamba 2054 ▲
Mamba
Chinganda Mkutano
Kala
Kasehela
Sala
Finga Panda Katwa Makondo
Nkwilo
Muse Usia
Namwele Kifinga Mwela Uches
Ngongo Mbizi Zimba

Mpungu 1533 ▲

Uwanda☐
Game☐ Reserve
Rukwa See

Kitwia 1526 ▲

Sumbawanga
Kiswite Msia
Ilambila Pwela Malonje 2418 ▲
Nkana Sintali Nambogo Milepa
Ksunga Pito
Mao Nzeka
Kalambo Kaengesa Sakalile Sali
Chapota Sonji
Kasapa Mkowe Mbuza Mpui Ntumba Kipeta
Mwimbi B8 Seleli 2136 ▲ Mhana
Kasote Hongwe
Muzi Mwazye Terefia
Kasanga Samvya Laela Sangama
Isopa Katali
Tatanda Mwera Laela
Laela
Zombe Chingambo Mwimbi Saza
Kazinga D7 Mosi Ulumi Kenya Kamyela
Mpulungu D9 Zombe Solesia
Kambole Igalula
Chamazambi Isoko St. Paul's Kawimbe Mambwe
Musaka M2 **Mbala**
Chasaya D2
Sunzu 2067
Vwawa
Kotito Kasusu 1780 ▲
D1
Mutitinya
Nsokolo

Muanza Kilimandscharo ▲
Moschi

Tansania

Abtei Hl. Geist Daressalam ●

Mbeja ●

Tanganyika See

Kalambo Fälle

Kamyar

Loasi

Meengesi

Mulmwe

MVIMWA
Abtei Heiliger Geist

Der klösterliche Lebensstil und das apostolische Wirken der Mönche haben neue Hoffnung für die Menschen der Diözese Sumbawanga gebracht.

Mvimwa ist eine unabhängige Abtei mit 86 Mönchen. Das Kloster liegt am Fuß eines felsigen Hügels weit abgelegen in der Rukwa Region in der Nähe des Tanganyikasees. Mönche der Abtei Hanga gründeten das Kloster 1979. Im Jahr 1995 wurde es zum Konventualpriorat und 2001 zur Abtei erhoben. Mvimwa gehört zu den dynamischen Klöstern unserer Kongregation. In diesen 40 Jahren seit der Gründung entwickelten die Mönche zahlreiche Aktivitäten. Sie übernahmen Aufgaben in der Seelsorge in und um die Abtei und in der Bischofsstadt Sumbawanga. In Mvimwa wurde eine Grundschule mit Internat errichtet. Hinzu kamen eine Handwerkerschule und ein Gesundheitszentrum. Zur Eigenversorgung betreiben die Mönche Landwirtschaft, halten Kühe

Oben: Blick auf die Klosteranlage.
Unten: Die Energieversorgung wird durch einen Generator gesichert.

und Schweine. Zur Energieversorgung wird eine Turbine durch Wasserkraft angetrieben, eine Biogasanlage versorgt die Küche und eine große Solaranlage erzeugt den noch fehlenden Strom.
In Sumbawanga errichtete die Abtei eine große Sekundarschule mit Internat und ein Lehrerseminar. Im Jahr 2019 wurde die Abteikirche errichtet, die von Architekt Oberholzer aus der Schweiz entworfen wurde. ■

Unterricht in der Grundschule.

Benedictine Abbey Mvimwa
P.O. Box 591
Sumbawanga
Tanzania
Tel. +255 25 280 0287
Mvimwa.abbey@gmai.com
www.mvimwaabbey.com

RUANDA
BURUNDI
KENIA
Viktoria See
TANSANIA
D.R. KONGO
Tanganyikal See
Dar es Salaam
Inidscher Ozean
Haus St. Johannes Bosco
SAMBIA
Malawi See
MALAWI
MOSAMBIQUE
0   150   300 km

1795
Matakanjoro
Lupembe
Kipengere
Utungwa
Yembera
Mfrika
Nganda
Njombe
Igominyi
Uwemba
Nkiwe
Kifanya
Matolas
Lisitu
Lukumburu
Lirondo
Mlanglai
Lugalawa
Magingo
Milo
Livingstone Berge
Lupingu
Bogoro
Kilwaka
Ibumi
C.Kaiser
Rudewa
Itimba
Mhambarasi
Rutukira
1043
Matomondo
Gumbiro
Mgazini
Manda
Lituhi
Ruanda
Kitai
Peramiho
B4
Hanga
Haus St. Johannes Bosco
Mpurukasese
Ilonga
Likuyu
Namtumbo
Nahoro
Masaguro
Njuga
Litola
Lumecha
Songea
Matimira
Likonde
Lundu
Mbuli
Nindai
Kigonsera
Lunyere
Mpitimbi
Ligera
Mango
Maguu
Litembo
Muhukuru
Mtukula
Namahoka
Lukimba
Liuli
Mpepaya
Lundo
Mbamba
Bav
Nangombo
Ndengo
Mbura
Ligunga
Lusewa
Malawisee
Chiwanda
Mitomoni
Liparamba
Ruvuma
Ligombe
0   20   40 Km

NAKAGUGU
Haus Sankt Johannes Bosco

Die Niederlassung entstand 1987 als ein Ort, an dem sich die Kandidaten der Abtei Hanga erproben können.

Das Haus untersteht der Abtei Hanga. Es wurde 1987 wenige Kilometer von Hanga entfernt im Busch gegründet und dient der Unterbringung von Klosterkandidaten. In einer Zeit von 1-2 Jahren werden Jugendliche auf die höhere Schule vorbereitet. Wer sich als geeignet erweist, kann dann eine weiterführende Schule besuchen, die für den Klosternachwuchs bestimmt ist. Das Haus besteht aus mehreren Gebäuden und einer Kapelle, wo die Jugendlichen wohnen und lernen. Eine Farm dient zur Selbstversorgung. ■

Nakagugu Formation House
c/o Hanga Abbey
P.O. Box 217
Songea
Tanzania

Oben: Wohngebäude mit Don-Bosco- und Vatikanfahnen.
Mitte: Hauskirche.
Unten: Beim Unterricht.

NDANDA
Abtei Mariahilf

Die Geschichte der Abtei Ndanda ist eng verknüpft mit der Entwicklung des Apostolischen Vikariats Süd-Sansibar, das den Missionsbenediktinern im Jahre 1887 anvertraut wurde.

Ndanda ist eine selbstständige Abtei mit 92 Mönchen und liegt am Fuß des Makondeplateaus im Südwesten Tansanias. Das Kloster wurde 1906 als zentrale Missionsstation gegründet. 1932 wurde es zur Abbatia Nullius mit einem Abtbischof erhoben. 1972 wurden säkulare Diözesen gegründet und Ndanda wurde zur exempten Abtei in der Diözese Mtwara. Aus dem ehemaligen Missionsgebiet entstanden drei Diözesen, in denen einige Pfarreien immer noch von Mönchen versorgt werden. Ansonsten konzentrieren sich die Aktivitäten der Mönche auf die Abtei selbst. Ndanda betreibt ein großes Krankenhaus mit angeschlossener Krankenpflegeschule, eine Sekundar- und Handwerkerschule. Bedeutend sind die großen Handwerksbetriebe wie Schreinerei, Autowerkstatt, Druckerei, Spenglerei und Elektrowerkstatt. Land- und Viehwirtschaft, Gärtnerei, Bäckerei und Metzgerei sorgen für das leibliche Wohl. Große Teile des Landes wurde für Baumplantagen genutzt. Das große Tagungszentrum Zakeo bietet geistliche Kurse und Fortbildung an. Dem Kloster sind die Häuser in Dar es Salaam und Sakarani unterstellt. 2015 entschlossen sich die Mönche von Ndanda zu einem missionarischen Aufbruch und gründeten ein Haus in Mocímboa, Mosambik. ■

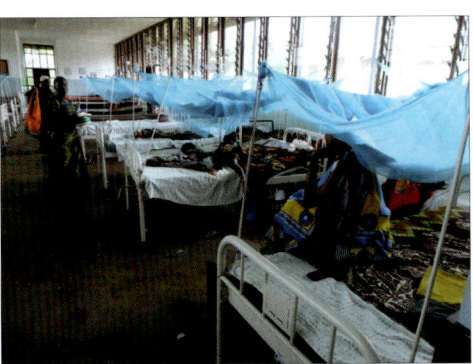

Oben: Die Abteikirche.
Unten: Altarbild von Pater Polycarp Uehlein.
Links: Im Hospital von Ndanda.

Benedictine Abbey Ndanda
P.O. Ndanda via Mtwara
Tanzania
Tel. +255 078 482 7935
abbey@ndanda.org
www.ndanda.org

NOLE
Haus Sankt Joseph

Dank des ausgezeichneten örtlichen Trinkwassers betreuen die Mönche von St. Joseph eine große Mineralwasserfabrik.

Nole ist ein abhängiges Haus der Abtei Hanga mit vier Mönchen. Das Anwesen entstand 1988 als Wirtschaftsgut. Heute ist die Haupttätigkeit die Abfüllung und der Verkauf von Trinkwasser. Die dazu nötige Energie wird von einem Wasserkraftwerk geliefert. Zusätzlich betreiben die Mönche Landwirtschaft zum Eigenbedarf und zum Verkauf. In einem Teil des Geländes wurden Bäume zur Holzwirtschaft gepflanzt. ■

Oben: Klostergebäude.
Mitte: Abfüllung von Trinkwasser.
Unten: Erzeugnisse der Mineralwasserproduktion.
Links: Kirche der Gemeinschaft.

Nole Farm
P.O. Box 54
Njombe
Tanzania

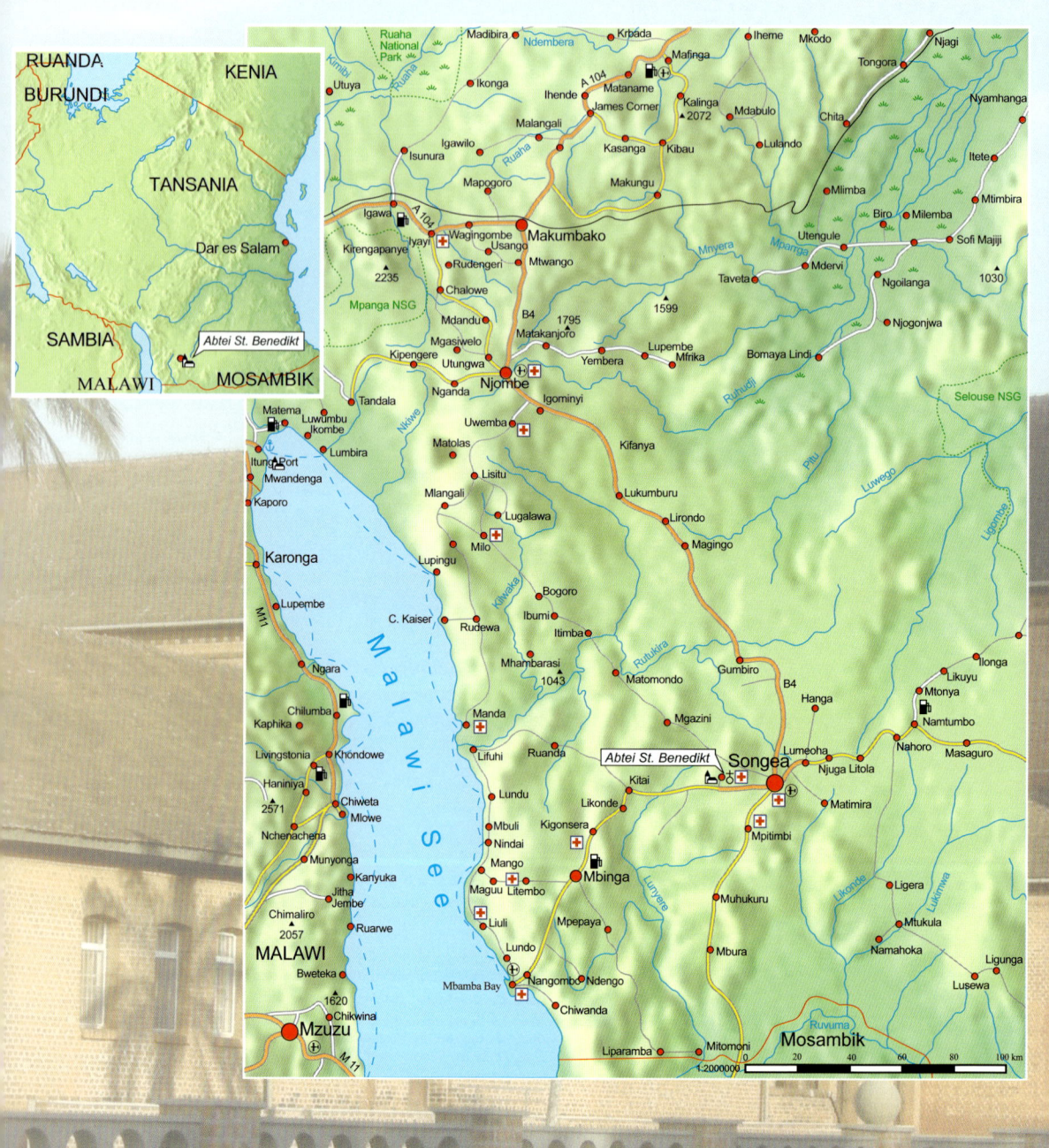

RUANDA
BURUNDI
KENIA
TANSANIA
Dar es Salam
Abtei St. Benedikt
SAMBIA
MALAWI
MOSAMBIK

Madibira
Krbáda
Iheme
Mkodo
Njagi
Ruaha National Park
Ndembera
Mafinga
Tongora
Nyamhanga
Utuya
Ikonga
Ihende
A 104
Mataname
Kalinga
Mdabulo
Chita
James Corner
2072
Itete
Igawilo
Malangali
Kasanga
Kibau
Lulando
Mtimbira
Isunura
Ruaha
Makungu
Mlimba
Mapogoro
Biro
Milemba
Igawa
A 104
Utengule
Sofi Majiji
Wagingombe
Makumbako
Mnyera
Mparga
1030
Kirengapanye
Iyayi
Usango
Mtwango
Taveta
Mdervi
Ngoilanga
2235
Rudengeri
Chalowe
Mpanga NSG
1599
Njogonjwa
Mdandu
B4
1795
Mgasiwelo
Matakanjoro
Lupembe
Bomaya Lindi
Kipengere
Utungwa
Yembera
Mfrika
Ruhudji
Selouse NSG
Tandala
Nganda
Njombe
Igominyi
Matema
Luwumbu Ikombe
Uwemba
Kifanya
Ptu
Luwego
Lumbira
Matolas
Itungi Port
Mwandenga
Lisitu
Lukumburu
Kaporo
Mlangali
Lugalawa
Lirondo
Lipembe
Milo
Magingo
Karonga
Lupingu
Bogoro
Kiwaka
Rutukira
Ibumi
Lupembe
C. Kaiser
Rudewa
Itimba
Gumbiro
B4
Ilonga
Ngara
Mhambarasi
1043
Matomondo
Hanga
Likuyu
Mtonya
Chilumba
Manda
Mgazini
Namtumbo
Kaphika
Lifuhi
Ruanda
Abtei St. Benedikt
Songea
Lumeoha
Nahoro
Masaguro
Livingstonia
Khondowe
Lundu
Kitai
Njuga Litola
Matimira
Haniniya
Chiweta
Likonde
2571
Mlowe
Mbuli
Kigonsera
Mpitimbi
Nchenachena
Nindai
Ligera
Munyonga
Kanyuka
Mango
Maguu
Litembo
Mbinga
Muhukuru
Mtukula
Jitha Jembe
Liuli
Mpepaya
Namahoka
Chimaliro
2057
Ruarwe
Lundo
Mbura
Ligunga
MALAWI
Lusewa
Bweteka
Mbamba Bay
Nangombo Ndengo
1620
Chikwina
Chiwanda
Ruvuma
Mitomoni
Mosambik
Mzuzu
Liparamba

M11

1:2000000
20   40   60   80   100 km

PERAMIHO
Abtei Sankt Benedikt

Im Jahre 1887 wurden die Missionsbenediktiner mit der Erstverkündigung
im südlichen Teil des heutigen
Tansania betraut.

Peramiho ist eine unabhängige Abtei mit 45 Mönchen,
die mitten im Hochland des Südwestens Tansanias liegt.
Sie wurde 1898 gegründet und 1927 zur Abbatia Nullius mit einem Abtbischof erhoben. Aus dem ehemaligen
Missionsgebiet gingen drei Diözesen hervor. Von Peramiho aus wurden das Priorat Uwemba (1931), Hanga
(1957), und Nairobi-Tigoni (1988) gegründet.
1969 gab Peramiho den Status einer Abbatia Nullius auf
und wurde exempte Abtei in der Diözese Songea. In den
folgenden Jahren wurden tansanische Mönche aufgenommen, die alle Funktionen übernommen haben. Es
leben nur noch wenige europäische Mönche hier.
Die Abtei betreibt ein sehr großes Krankenhaus mit Krankenpflegeschule, eine Handwerkerschule und zahlreiche Betriebe. Die Priestermönche arbeiten in der Pfarrei
Peramiho und in einigen näheren Dörfern. Zur pastoralen

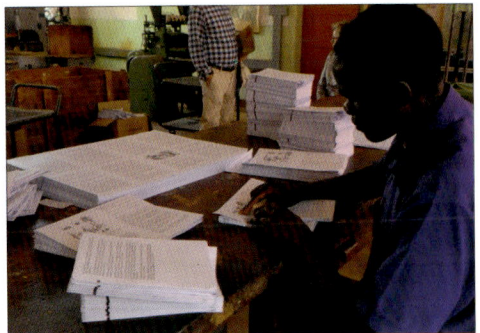

Oben: Blick auf die Abteikirche.
Unten: In der Buchbinderei.

Aufgabe gehören auch Verlag und Druckerei. Das Kloster
erzeugt die Energie selbst mit Wasser- und Solarkraft.
Auf dem Gelände der Abtei liegt das Priesterseminar für
sieben Diözesen. Die jungen tansanischen Mönche haben
die Lasten eines riesigen Erbes zu tragen.   ■

St. Benedict's Abbey
P.O. Peramiho
Tanzania
Tel. +255 25 260 2162
Peramiho-abbey@peramiho.org
www.peramiho.org

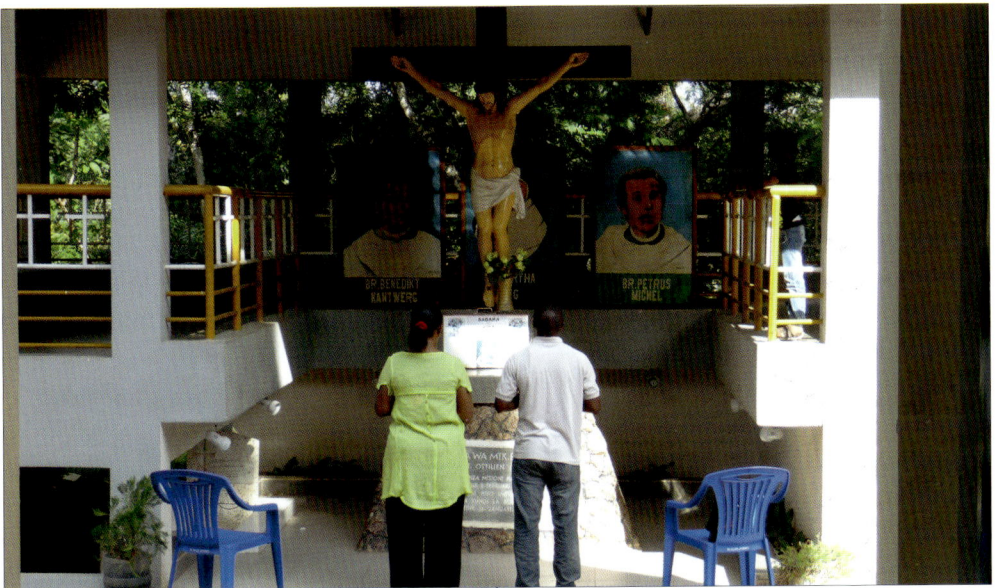

PUGU
Priorat Sankt Benedikt

Oben: Gedächtnis an die Märtyrer.
Mitte: Gedenkkapelle.
Unten: Klosteranlage.

Kloster St. Benedikt war die erste benediktinische Gründung Afrikas.

Pugu war die erste Gründung der Kongregation von St. Ottilien im Jahr 1888. Doch bereits im Jahr 1889 ging diese Missionsstation im Aufstand des Bushiri unter: Das Haus wurde zerstört und einige Missionare getötet. 1999 lud Kardinal Pengo von Dar es Salaam die Benediktiner ein, an diesen Ort zurückzukommen. Zunächst war an ein geistliches Zentrum gedacht. Allmählich stellte sich heraus, dass die Diözese ein Pilgerzentrum wünscht. Dabei soll an diesem Ort besonders an die getöteten Brüder gedacht werden. Inzwischen haben Mönche von Mvimwa die Aufgabe übernommen, wobei die Erzdiözese Dar es Salaam Eigentümerin der Einrichtung bleibt. ■

Pugu Pilgrimage Centre
P.O. Box 8557
Dar es Salaam
Tanzania

Priorat St. Benedikt
Nkomazi Game Reserve
517
Umba
Bombo
Lunga
Mikamen
Vanga
Mtandikeni
Mabayani
267
Manza
Doda
Mtumbwani
Sunga
Mazelogo
Mlalo
Manolo
Mbangala
1753
Mkomazi
Usambara Berge
Mvilingano
2230
Mazinde
Lushoto
Msakala
Mkujani
Mwele
Bombo
Soni
Bumbuli
Mangata
Mombo
1480
Saunyi
Mkalamo
B1
Matarawanda
Kazita
Gombero
Kiwanda
Mjesani
Pulumbu
Maurui
Amani
Tanga
Ngomeni
Pongwe
Korogwe
Koluguzao
1129
A14
Muheza
Tongoni
Mnyusi
Majonjo
Hale
Kigombe
Hivumomingi
Segera
Pangani
Boza
Pangani
694
Tongwe
Mzundu
Mumbwi
Mgambo
Mwera
A14
Kwedichele
544
Msangasi
Indischer Ozean
Mkata
Mkwaja
Mamboya
Pande
Kwamsiziro
Mligasi
Manga
Kwasunga
Sadani Game Reserve
Mkange
Mbwewe
Sadani
0 10 20 km

UGANDA
Victoria-see
KENIA
RUANDA
BURUNDI
Priorat St. Benedikt
TANSANIA
Tanganyika-see
Dar es Salam
D.R KONGO
Indischer Ozean
SAMBIA
0 100 200 km
Malawi-see
MALAWI
MOSAMBIK

SAKARANI
Priorat
Sankt Benedikt

D ie von einer kleinen Gemeinschaft
bewohnte Farm liegt im Nordosten
Tansanias, ungefähr 150 km westlich von
der Küstenstadt Tanga.

Sakarani ist ein von der Abtei Ndanda abhängiges Haus
mit fünf Mönchen. Es wurde 1946 als Ferienhaus und
Farm gekauft. Das Kloster liegt hoch in den Usamba-
rabergen mit relativ kühlem Klima. Es wird dort Wein
angebaut. Besonders ausgedehnt wurde der Anbau von
Makadamianüssen. Sonst werden Bäume für Holzwirtschaft gepflanzt. Die Verwertung besorgt eine große und
gut eingerichtete Schreinerei. Dazu kommt die Haltung
von Kühen und Schweinen. Die Mönche betreuen zudem
die Pfarreien im Umkreis. Sakarani dient auch der Beru-
fungspastoral. Hier treffen sich regelmäßig Klosterinte-
ressenten und bekommen Informationen zum klösterlichen Leben. ■

Benedictine Fathers
P.O. Box 40
Soni
Tanzania
+255 27 264 0452
Benedictine.fathers.sakarani@gmail.com

Oben: Kapelle von Sakarani.
Mitte: Lagerung von Makadamianüssen.
Unten: Zersägen von Baumstämmen.

Haus St. Benedikt

Sumbawanga

Haus St. Benedikt

TANSANIA

SAMBIA

SUMBAWANGA
Haus Sankt Benedikt

Im Auftrage des Bischofs betreut eine Mönchsgemeinschaft die Schule Chemchemi in der Kreisstadt Sumbawanga.

Sumbawanga ist ein von der Abtei Mvimwa abhängiges Haus mit 10 Mönchen. Das Kloster wurde 1996 erworben. Die Hauptaufgabe der Mönche hier ist eine große Sekundarschule und ein Lehrerseminar. Außerdem betreuen sie die Stadtpfarrei Christkönig. Die Sekundarschule hat sich zu einem großen Zentrum entwickelt. Sie wird von Schülern aus der Stadt und aus dem klostereigenen Internat besucht. ■

St. Benedict's House
P. O. Box 591
Sumbawanga
Tanzania
+Tel. +255 25 280 2287
Mobil: +255 764 069005
clausmwageni@gmail.com

Oben: Anstehen in der Schulkantine.
Mitte: Im Internat.
Unten: Blick auf das Schulgelände.

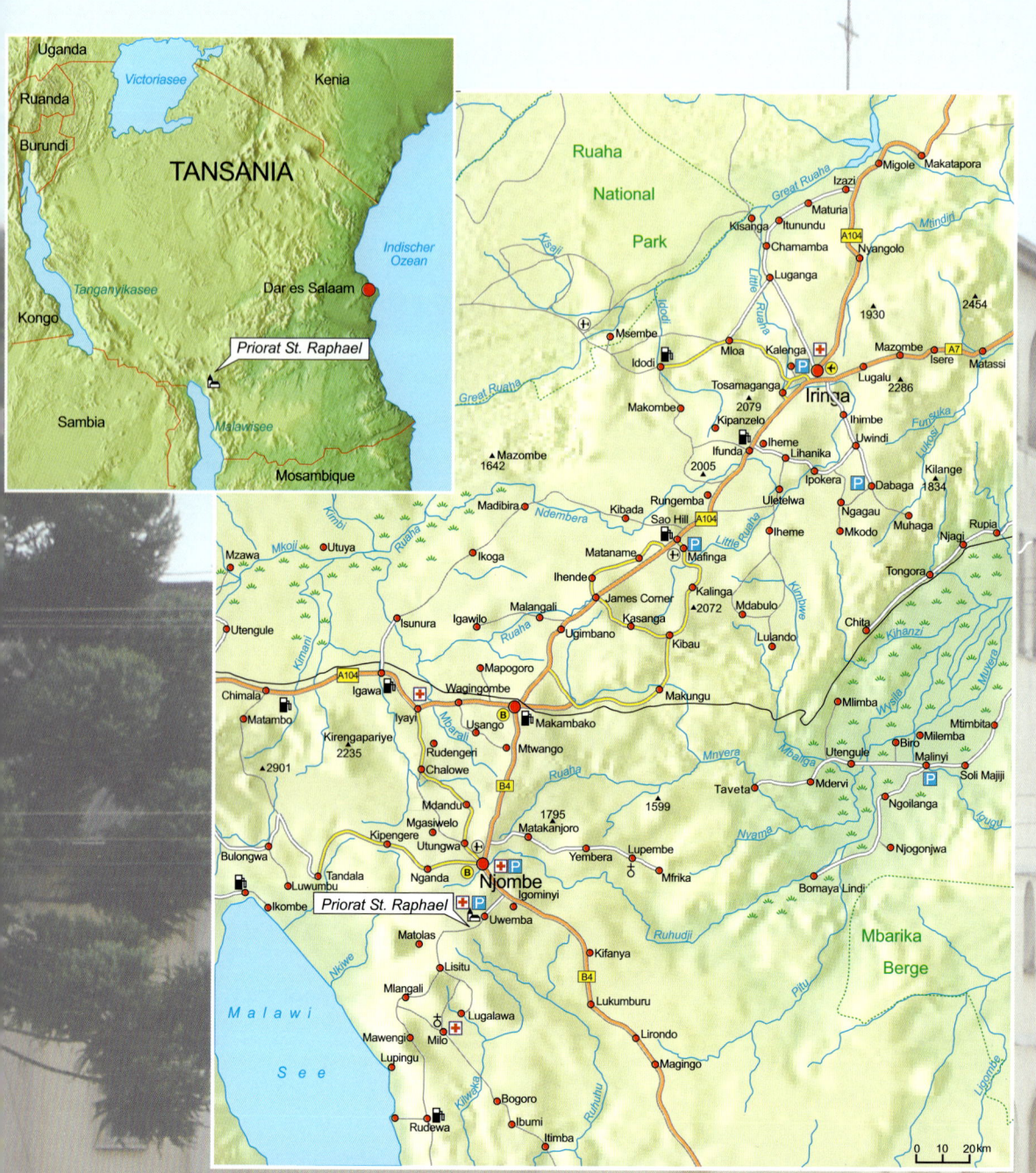

Übersichtskarte:

Uganda · Ruanda · Burundi · Kongo · Sambia · Victoriasee · Kenia · Indischer Ozean · TANSANIA · Dar es Salaam · Tanganyikasee · Malawisee · Mosambique · Priorat St. Raphael

Hauptkarte:

Ruaha National Park · Great Ruaha · Mtindit · Migole · Makatapora · Izazi · Maturia · Kisanga · Itunundu · Nyangolo · A104 · Chamamba · Luganga · 2454 · Kisaji · Idodi · Msembe · 1930 · 2286 · Mazombe · Isere · Matassi · A7 · Mloa · Kalenga · Lugalu · Idodi · Tosamaganga · Iringa · Makombe · Kipanzelo · 2079 · Ihimbe · Mazombe 1642 · Ifunda · Iheme · Lihanika · Uwindi · Kilange 1834 · 2005 · Ipokera · Dabaga · Ngagau · Uletelwa · Mkodo · Muhaga · Njagi · Rungemba · Kibada · Iheme · Rupia · Madibira · Ndembera · Sao Hill · A104 · Little Ruaha · Mzawa · Mkoji · Utuya · Ikoga · Mataname · Mafinga · Tongora · Ihende · Kibwe · Kihanzi · Isunura · Igawilo · Malangali · James Corner · Kalinga · Mdabulo · Chita · Kasanga · 2072 · Lulando · Mapogoro · Ugimbano · Kibau · Makungu · Mlimba · Chimala · Igawa · A104 · Wagingombe · Mtimbita · Matamba · Iyayi · Usango · Makambako · Utengule · Biro · Milemba · Kirengapariye 2235 · Rudengeni · Mtwango · Malinyi · Soli Majiji · 2901 · Chalowe · Mnyera · Taveta · Mdervi · Ngoilanga · B4 · Ruaha · Mdandu · Mgasiwelo · 1795 · 1599 · Njogonjwa · Bulongwa · Kipengere · Utungwa · Matakanjoro · Yembera · Lupembe · Njombe · Mfrika · Bornaya Lindi · Luwumbu · Tandala · Nganda · B4 · Priorat St. Raphael · Igominyi · Uwemba · Mbarika Berge · Ikombe · Matolas · Kifanya · Ruhudji · Lisitu · Lukumburu · Mlangali · B4 · Malawi See · Lugalawa · Mawengi · Milo · Lirondo · Lupingu · Magingo · Bogoro · Rudewa · Ibumi · Itimba · Nkiwe · Kiwaka · Ruhuhu · Ligombe

0 10 20km

UWEMBA
Priorat Sankt Raphael

Die 1931 von Peramiho aus gegründete Missionsstation Uwemba ist auf 2150 m Höhe gelegen und befindet sich in der Diözese Njombe.

Uwemba ist ein von der Abtei Peramiho abhängiges Priorat mit sechs Mönchen. Missionare von Peramiho gründeten das Kloster 1931. Es entwickelte sich zum Zentrum der Mission im Land der Wabena und versorgte die Missionsstationen mit Baumaterialien und dem Bedarf des täglichen Lebens. Nach der Gründung der Diözese Njombe wurden die Missionsstationen in Pfarreien umgewandelt und Uwemba verlor seine zentrale Stellung. Heute leben noch sechs Mönche hier und halten die Betriebe und die Landwirtschaft aufrecht. Ein Wasserkraftwerk sorgt für Strom. Die Mönche betreuen auch die Pfarrei. Das Gelände wäre für ein selbstständiges Kloster geeignet. Doch reicht das Personal zu einer erweiterten Tätigkeit nicht aus. ■

Benedictine Priory Uwemba
Private Bag
P.O. Njombe
Tanzania

Oben: Eingang zum Kindergarten der Pfarrei.
Mitte: Kloster- und Pfarrkirche.
Unten: Ausritt vor dem Kloster.

AGBANG
Abtei der Menschwerdung

U m den Mönch Boniface Tiguila sammelte sich in den 1980er Jahren eine Gruppe junger Männer, die eine afrikanische Form des Mönchtums entwickeln wollte.

Agbang ist eine selbstständige Abtei mit 32 Mönchen und liegt im Norden Togos unweit der Stadt Kara mitten im Buschland. In den 1980 Jahren sammelte der Mönch Boniface Tiguila junge Menschen um sich, um sie zu einem in Afrika inkulturierten Mönchtum zu führen. 1988 schloss sich die Gemeinschaft der Kongregation von St. Ottilien an. Das Kloster wurde 2004 zum Konventualpriorat und 2016 zur Abtei erhoben. Die Abtei unterhält Häuser in Kara und in der Hauptstadt Lomé. Die Mönche betreuen in Agbang eine Grund- und Sekundarschule. Ein Gästehaus lädt zur Besinnung und zu Tagungen ein. Der karge Boden erlaubt nur eine beschränkte Bewirtschaftung. Daher versuchen die Mönche, auch in den Städten ein zusätzliches Einkommen zu erwirtschaften. ■

Oben: Unterricht in der Klosterschule.
Unten: Bei der Abteikirche.

Monastère de l'incarnation
B.P. 251
Kara
Togo
Tel. +228 948 7755
fmincarnation@togo-imet.com

BURKINA

BENIN

GHANA

TOGO

Kara

Kolleg
St. Maurus
und Placidus

Lomé

Golf von Ghana

Kpassidè
Siouté
Kolleg
St. Maurus
und Placidus
Adélo
Hélota
Warté
347
Ataloté
Adjaité
277
Atétou
Défalé
Houndè
Bogawarè
Koré
Kouyoria
Solla
546
Pouda
Boufalè
Koutégou
Tohassidé
Wouti
Wouladè
Ténéga
Siou
(Birgou)
Djorergou
Tchadè
N. 20
Asséré
Somdè
Pagouda
Targbal
Koutière
Agoundè
Baga
Konfaga
Péssaré
679
Agbassa
245
613
Monts
Niamtougou
Yaka
Kéméa
Farèndè
N. 18
Tchikawa
Broukou
Aloum
Pya
Tcharè
Fèouda
Landa
Kémérida
388
Kétao
N. 16
Namon
Forêt
de
Munda
Sahoudè
810
Soumdina
Tikakan
Nawalé
Léon
182
Forêt de
la Kara
Sara-Kawa
N. 21
Tchitchao
Lama Pou
Lassa
Sirka
602
Sèmèrè
Langa
Tosséra
384
Kolleg
St. Maurus
und Placidus
Yadè
Bohou
Lama
Kpéda
Lama
Kolidè
N. 16
Kara
Kara
Forêt
de Sirka
Dikpakpar
Koundoum
Forêt
de
Djamdè
228
Forêt du
Mont Kindja
Kara
311
Kpèzindè
N'djèi
330
Agbang
Kinadjou
485
Pya Kawa
Djamdè
Soum Pou
Sanda Kagbanda
284
Pounon
N. 19
Atchangbadè
Tamimi
Sanda Pou
Soundina
Kawa
Yaka Waya
291
Awandjèlo
422
Kabou
236
N. 19
Tchaboua
Wakadè
Bébéda
Koudjoukada
Tchévenda
Bouladè
Nababoum
Kabékou
Léoléoda
455
Gandè
411
Soudou
Boularé
Yara Yara
N. 38
Bafilo
Tchotoukou
Kadjando
729
Koumondè
Agbandaoudè
Boutangbatou
N. 38
Tchatchaminade
459
Dikorodè
825
Kpéwa
Agbandaoude
Bassar
Efolo
Alédjo
Kadara
Kéméni
371
Paza
Binaparba
710
Forêt de Bassar
Aléhéridè

Avenue Général Gnassingbé
Avenue de la Cedeao
Kara
Avenue de la Cedeao
Avenue Martian
Avenue du 23 Septembre
Avenue du 13 Janvier
Rue Batascon
Kara
Kolleg St. Maurus
und Placidus

Sankpouin
Nambo
Forêt du
Mont Amalo
604
Tchitchira
Yomdè
Bihah
310
Masséděria
618
Koré
Défalé
Kpaha
Dago
Mabo
Nangboa
Monts
Nabo
Monts Mabo
Bintonga
Kara
N. 21
N. 20
N. 18 B
N. 18 A
Massabo
Kabora
Niantin
Kawa
Anewiwa
Kpaboli
Sala
Kpéli
Kamaka
Boulda

0   5   10 km

KARA
Kolleg Sankt Maurus
und Placidus

Mit ca. 100.000 Einwohnern ist Kara die drittgrößte Stadt Togos und die größte im Norden des Landes mit einer kleinen Universität und einem Bischofssitz.

Das Haus untersteht der Abtei Agbang. Es wohnt eine wechselnde Zahl von Mönchen hier, die beruflich oder zur Ausbildung in der Stadt Kara leben müssen. Das Haus hat eine verlässliche Stromversorgung und ist mit dem Internet verbunden. Daher wohnt hier zur Zeit der Cellerar der Abtei. Von hier aus werden auch einige wirtschaftliche Aktivitäten des Klosters in der Stadt organisiert wie eine Autogarage und eine Schneiderei. ■

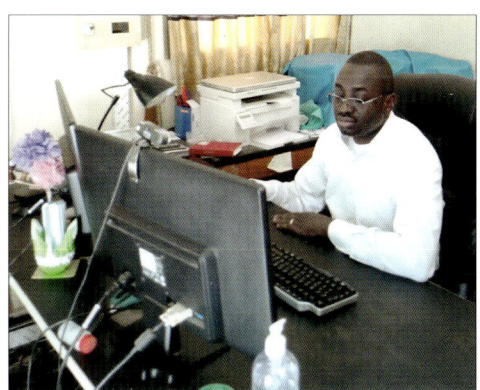

Oben: Die einfachen Räumlichkeiten des Stadtklosters.
Unten: Hier werden die Verwaltungsarbeiten der Abtei erledigt.

Monastère St. Maur et Placide
B. P. 251
Kara
Togo

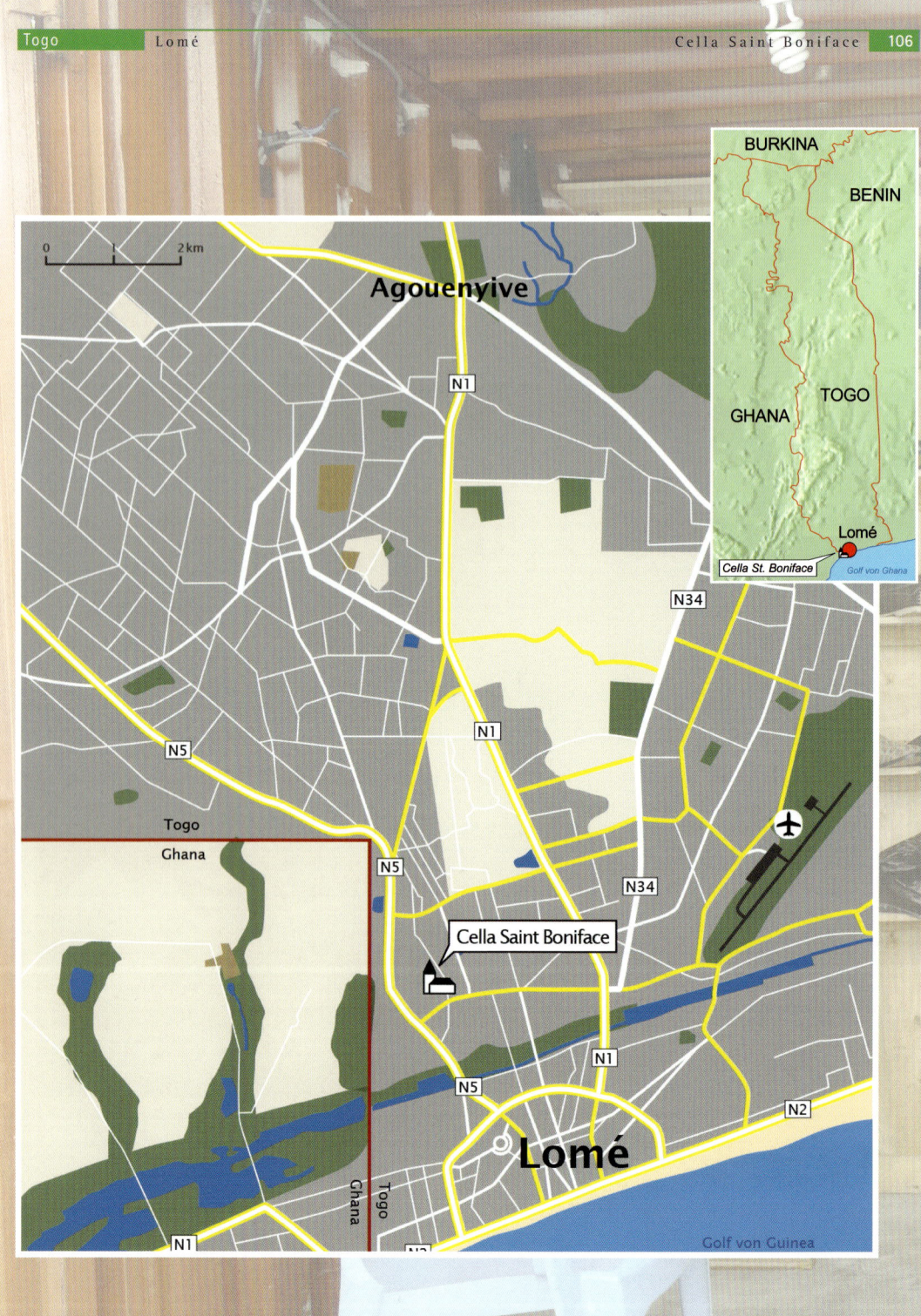

Agouenyive

N1

N34

N1

N5

N34

N5

Cella Saint Boniface

Togo
Ghana

N1

N5

N1

N2

Togo
Ghana

N1

Lomé

Golf von Guinea

0   1   2 km

BURKINA

BENIN

GHANA

TOGO

Lomé

Cella St. Boniface

Golf von Ghana

LOMÉ
Cella Saint Boniface

Aufgrund seiner abgeschiedenen Lage gründete Kloster Agbang in Lomé, der Hauptstadt Togos, eine weitere Niederlassung mit einigen Mönchen.

Das Haus untersteht der Abtei Agbang. Es leben dort drei Mönche. 2008 kauften die Mönche von Agbang ein Grundstück mit Haus im Zentrum der Hauptstadt Togos. Drei Jahre später wurde es um ein weiteres Gebäude erweitert. Das Haus dient als Unterkunft für die Mönche, wenn sie Lomé besuchen. Die Mönche im Haus halten Kontakt zu den Regierungsbehörden und betreiben die Goldschmiede. ■

Cellule Monastique
St Boniface de Lomé
24, rue des Colombes
Tokoin Habitat
Lomé
Togo
cellulelome@agbang.org

Oben: Die bescheidene Hauskapelle im Garagenbereich.
Unten: Eingang zum Stadtkloster.

Katakwi
Nakapiripirit
Kaberamaido
Lake
Kwania
Soroti
Lake
Bisina
Pian-Upe
Nationalpark
Namasale
Lake
Kyoga
Kumi
Kapchorwa
Kalain
Nakasongola
Siroko
Mount Elgon
Nationalpark
Lake
Nakuwa
Pallisa
Namasagali
Mbale
Mount
Elgon
4321m
Kamuli
Kaliro
Luwero
Busembatia
Kayunga
Tororo
Malaba
Bungoma
Iganga
Priorat Christkönig
Webuye
Jinja
Buguri
Busia
Lugazi
Mayuge
Kampala
Mukono
Kakamega
Port Bell
Butere
Nzola
Kajanzi
Buwuma
Island
Dagusi
Island
Sigulu
Island
Entebbe   Damba Island   Lawaji Island
Bugaia
Island
Sagitu
Island
Kome Island
Lolui
Island
Magete
Island
Kisumu
Lake Victoria
Rusinga
Island
Mfangano
Island
Horna
Bay
Kisi
Gucha

0   75 km
SUDAN
UGANDA
Albert Nil
Victoria Nil
Lake
Kwania
Lake Kyoga
DEM. REP.
KONGO
Lake
Albert
Priorat Christkönig
Kampala
KENIA
Lake
George
Lake
Edward
Lake Victoria
RUANDA
TANSANIA

0   15 km

TORORO
Priorat Christkönig

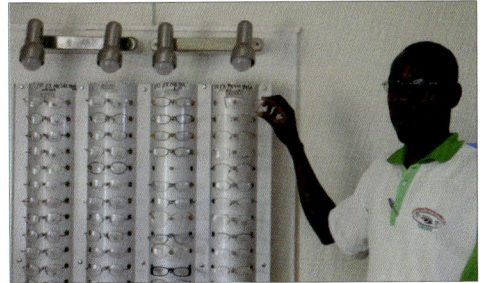

Das einzige Benediktinerkloster Ugandas wird vom majestätischen Tororo-Berg überragt, der zugleich das Bild der nahegelegenen Stadt Tororo bestimmt.

Die Gemeinschaft von Tororo umfasst ca. 31 Mönche. Das Kloster liegt am Rand der Stadt Tororo, die nahe zur Grenze nach Kenia im Osten Ugandas liegt. Der Missionsbenediktiner P. Johannes Neudegger gründete diese Niederlassung im Jahr 1984; 1993 wurde es zum Priorat erhoben und 2020 zum Konventualpriorat. P. Johannes entwickelte zunächst eine große Hilfstätigkeit für die vom Bürgerkrieg heimgesuchte Bevölkerung. Es folgte ihm P. Pius Mühlbacher als Prior, der dann die Leitung an einheimische Kräfte übergab.

Im Lauf der vergangenen Jahre wurde ein neues Kloster gebaut. Die früheren Einzelhäuser der Mönche wurden in Gästehäuser umgewandelt. Das Kloster betreibt eine Handwerkerschule mit zahlreichen Betrieben. Dazu gehört eine Landwirtschaft mit Baumplantagen. Auf dem Gelände liegt die bedeutende Augenklinik, die sich zu einem der größten Behandlungszentren für Augenkranke im Land entwickelt hat. Das Kloster hat einen beträchtlichen Ruf als Zentrum der Ruhe und des Gebets. ■

Oben: In der Augenklinik.
Unten: Die Schreinerei als Ausbildungsbetrieb.

Monastery Christ the King
P.O. Box 669
Tororo
Uganda
Tel. +256 77 7 263 515
fideignus@yahoo.com

*Eingangsbereich
des Klosters.*

Newton

Merriam Ave
Woodbridge Ct
Paterson Pl
Olive Pl
Linnox Ave
Paterson Pl
Windsor Dr

206

Abtei St. Paul

P

P

Stickle Pond

Stickles Pond Rd

Milford
Montague
Delaware Water Gap
Colesville
Unionville
New York
New Jersey

23

Sussex

206

Augusta
Hamburg
Franklin

Stillwater

Newton
Sparta
Abtei St. Paul

94

206

Hopatcong
Allamuchy

Mountain State Park

Budd Lake

Rockaway
Boonton
Wayne
Paterson
Englewood
Hackensack

Chester
Fairfield
Morris Plains

10

Carlstadt
Nutley
NEW YORK

63

Livingston
East Orange

Bernardsville
Madison
Chatham
Union
Newark
Manhattan

Far Hills
Great Swamp N.W.R
Jersey City
Elizabeth

High Bridge

22

Plainfield
Brooklyn

Round Valley Recreation Area

Bridgewater
Staten Island
Lower New York Bay

Centerville
Somerville
0   10 km

Edison
Raritan Bay
Atlantischer

New Brunswick
Perth Amboy
New York
New Jersey
Ozean

Gateway National Recreation Area

Sayreville
Keansburg

South River
Matawan

36

9

35

KANADA

VEREINIGTE STAATEN

Newton
Abtei St. Paul
Washington

MEXIKO

0   500 km

Oben: Kloster Newton.
Mitte: Eingang zum Klostergelände.
Unten: In der Hauskapelle.

Zu Beginn der krisengeschüttelten zwanziger Jahre schienen die USA ein vielversprechendes Feld, um personelle und finanzielle Unterstützung für die Mission zu gewinnen.

Das Kloster ist ein von der Abtei Waegwan abhängiges Priorat mit zehn Mönchen. 1924 gründeten Mönche der Erzabtei St. Ottilien ein Haus in New Jersey westlich von New York. Das Haus entwickelte sich zu einem selbstständigen Kloster und wurde schließlich zur Abtei erhoben. In den 1960er Jahren nahmen die Berufungen dramatisch ab. Die kleine Schar der verbliebenen Mönche konnte den Abteistatus nicht mehr aufrechterhalten. Als Lösung bot die Abtei Waegwan in Korea an, das Kloster als einfaches Priorat zu übernehmen. Seitdem leben hier ungefähr zehn Mönche aus Korea, die vor allem für koreanische Einwanderer Seelsorge anbieten. Sie betreiben ein Gästehaus und unterhalten das Gelände mit einer Christbaumplantage. ■

St. Paul's Abbey
P.O. Box 7
289 Route 206 South
Newton, N.J. 07860
USA
Tel. +1 973 383 2470
osbnewton@catholic.or.kr

Priorat Christkönig

VEREINIGTE STAATEN

KANADA

Newton

Washington

MEXIKO

0   500 km

SCHUYLER
Priorat Christkönig

Eine Hauptaufgabe des Klosters besteht darin, Ordensleute in der ganzen Welt bei ihrer missionarischen Tätigkeit zu unterstützen.

Schuyler ist ein einfaches Priorat unter der Abtei Münsterschwarzach mit 9 Mönchen.
In den 1930er Jahren suchten die Mönche von Münsterschwarzach einen Ort in den USA, von dem aus die Finanzierung der Missionen organisiert werden konnte. Die Verhältnisse in Deutschland verhinderten die Ausfuhr von Hilfsmitteln und Geld. So wurde durch die Vermittlung des Erzbischofs von Omaha in dem Städtchen Schuyler in Nebraska mitten im mittleren Westen ein Haus gefunden und 1935 bezogen. 1979 wurde außerhalb ein neues Koster gebaut und 1997 ein großes Gästehaus und Tagungszentrum eröffnet.
Schuyler hat unschätzbare Arbeit zum Unterhalt der weltweiten Mission geleistet, als die Welt in Not und Krieg versank. Durch die Großzügigkeit des amerikanischen Volkes konnte so dauerhafte Hilfe geleistet werden, die bis heute anhält. Schuyler bietet mit dem St. Benedict's Center eine großzügige Anlage für Tagungen, Kurse und Exerzitien. ■

Abendstimmung mit Figur des hl. Benedikt.

Oben: Exerzitienhaus und Kloster in Luftansicht.
Unten: Kapelle des Exerzitienzentrums.

Christ the King Priory
P.O. Box 528
Schuyler, Nebraska 68661-0528
USA
Tel +1 402 352 2177
monastery@missionmonks.org
www.benedictinemissionhouse.com

KARIBISCHES MEER

Chichiriviche

Mo**Morón**
Alpargatón
Canoabo
VALENCIA
Chirgua
Bejuma
Tocuyito
Campo de
Carabobo
Tinaquillo

Pto. Cabello
Patanemo
Vigirima
San Diego
Guacara
S. Joaquín
Güigüe
Tacarigua
Los Naranjos
El Trompillo
Manaure
Belén
Pirapira
Emb. de Cachinche

Ocumare de La Costa
Turiamo

Pto. La Cruz
Choroní
Parque National Henry Pittier
Tovar
MARACAY
Turmero
La Victoria
S. Mateo
Zuata
Magdaleno
Guacumaya
Villa de Cura

Maiquetía
La Guaira
Macuto
Cara-balleda
Naiguatá
P.N. Avila
CARACAS
Las Adjuntas
P.N. Macarao
Los Teques
Charallave
Cúa
Ocumare del Tuy
La Democracia
Guatire
Guarenas
Sta. Teresa del Tuy
San Francisco de Yare
Parque National Guatapo

Palo Negro
S. Mateo
Emb. de Camatagua

Abtei St. Joseph

San Juan de los Morros
Paso Pelado
Canta Gallo
El Toco
Parapara
Ortiz
Camatagua
Carmen de Cura
Taguay

El Páo
Embalse El Páo
Boqueron
Río Verde
Emb. de Tiznados
San Francisco de Tiznados
Dos Caminos
Tigüigüe
Barbacoas
El Corozo

Pirital
El Samán
San José de Tiznados
Morrocoyes
Sosa
El Sombrero

Mapurite
Aguada del Rosario
El Punzón

Sta. Barbara
El Barbasco
Guardatinajas
El Rastro
Embalse del Guárico
Palo Seco
Palenque
El Calvario

El Baúl
Calabozo
Los Naranjos
El Palmarito

La Candelaria
El Marquito

0   30 km

Abtei St. Joseph

Caracas
VENEZUELA
GUY-ANA
KOLUMBIEN
BRASILIEN

GÜIGÜE
Abtei Sankt Joseph

Am 2. April 1923 kamen die ersten vier Mönche aus der Erzabtei St. Ottilien (Deutschland) in Venezuela an.

Güigüe ist eine selbstständige Abtei mit 10 Mönchen. Das Kloster liegt in den Bergen in der Nähe von Valencia mit Blick auf den Valenciasee. Ursprünglich war das Kloster 1923 von St. Ottilien aus in Caracas, der Hauptstadt Venezuelas, gegründet worden. Das Kloster war in den Jahren völlig umbaut worden und hatte keine Entwicklungsmöglichkeit mehr. Deswegen entschlossen sich die Mönche, aufs Land in die Nähe der Stadt Valencia zu ziehen. Sie bauten ein völlig neues Kloster mit einer spektakulären Architektur. Die Mönche leben kontemplativ und betreiben ein Gästehaus. Die extrem schwierige politische Lage in Venezuela macht den Mönchen das Leben schwer. Dennoch sind einige junge Leute eingetreten, die das monastische Leben weitertragen. ■

Oben: Das Kloster in den Bergen von Carabobo.
Unten: Viel Kunst im Innenbereich des Klosters.

Abadia de San José
Apdo. 3663, El Trigal
Valencia 2002-A
Venezuela
Tel. +58 245 341 1032
abadiaguigue@cantv.net

Bearbeiter der Karten

Seite 12 | Kairo – Haus St. Benedikt
Alexandra Frey

Seite 14 | Hannover – Cella St. Benedikt
Manfred Zingl

Seite 16 | Jakobsberg – Priorat Herz Jesu
Tobias Reinke

Seite 18 | Meschede | Abtei Königsmünster
Florian Kollmer

Seite 20 | Münsterschwarzach – Abtei St. Felicitas
Philipp Marquart

Seite 22 | St. Ottilien – Erzabtei Herz Jesu
Carina Sturm

Seite 24 | Schweiklberg – Abtei Heiligste Dreifaltigkeit
Max Weller

Seite 26 | Kumily – Priorat St. Michael
Angela Schedel

Seite 28 | Illeret – Haus St. Benedikt
Martin Stoeckl

Seite 30 | Langata – Haus St. Gregorius
Markus Schneider

Seite 32 | Nairobi – Haus St. Benedikt
Franziska Frey

Seite 34 | Nanyuki – Haus ULF von Mount Kenya
Dominik Michalke

Seite 36 | Tigoni – Abtei Friedensfürst
Christian Schickel

Seite 38 | El Rosal – Priorat San Benito
Bernhard Eigelein

Seite 40 | Busan – Haus St. Benedikt
Tina Lim

Seite 42 | Geumnam – Haus St. Benedikt
Susanne Kögler

Seite 44 | Hwasun – Haus Sankt Antonius
Kornelia Anderko | Reiner Buzin

Seite 46 | Namyangju – Priorat St. Joseph
Kornelia Anderko

Seite 48 | Seoul – Haus St. Benedikt
Gerwin Geiger

Seite 50 | Waegwan – Abtei St. Maurus und Placidus
Diana Maikath

Seite 52 | Havanna – Priorat Erscheinung des Herrn
Verena Beil | Reiner Buzin

Seite 54 | N'nango – Haus Sankt Pachomius
Alexandra Frey

Seite 56 | Waldfrieden – Haus St. Bonifaz
Tina Lorenz

Seite 58 | St. Georgenberg – Abtei St. Georgenberg
Emanuel Scholz

Seite 60 | Davao – Kolleg St. Anselm
Claudia Füssel

Seite 62 | Digos – Priorat St. Benedikt
Benjamin Niezel

Seite 64 | Katibunga – Priorat St. Theresia
Thomas Heindl

Seite 66 | Uznach – Abtei St. Otmarsberg
Christian Seidl

Seite 68 | Rabanal – Haus San Salvador
Jennifer Vogel

Seite 70 | Inkamana – Abtei Herz Jesu
Benjamin Theobald

Seite 72 | Dar es Salaam - Prokura St. Placidus
Marcel Salomon

Seite 74 | Hanga - Abtei St. Maurus
Florian Scheidtmann

Seite 76 | Kipalapala - Priorat St. Bernhard
Nikolaus Fegert

Seite 78 | Kipili - Haus St. Bernhard
Stephan Guess

Seite 80 | Kurasini - Prokura St. Maurus
Bernhard Kaser

Seite 82 | Mbeya - Haus St. Benedikt
Christopher Pätzold

Seite 84 | Mvimwa - Abtei Heiliger Geist
Alexander Fischer

Seite 86 | Nakagugu - Haus St. Johannes Bosco
Ilknur Kaman

Seite 88 | Ndanda - Abtei Mariahilf
Stephanie Todt

Seite 90 | Nole - Haus St. Joseph
Tobias Nagelschmitz

Seite 92 | Peramiho - Abtei St. Benedikt
Emanuel Pöppel

Seite 94 | Pugu - Haus St. Benedikt
Thomas Nagel

Seite 96 | Sakarani - Haus St. Benedikt
Selma Ercelik

Seite 98 | Sumbawanga - Haus St. Benedikt
Roland Sadlek

Seite 100 | Uwemba - Priorat St. Raphael
Sabine Graf

Seite 102 | Abgang - Abtei der Menschwerdung
Peter Fischer

Seite 104 | Kara - Kolleg St. Maurus und Placidus
Michaela Mück

Seite 106 | Lomé - Cella Saint Boniface
Alexandra Frey

Seite 108 | Tororo - Priorat Christkönig
Jeremias Giebel

Seite 110 | Newton - Abtei St. Paul
Ludwig Groß

Seite 112 | Schuyler - Priorat Christkönig
Dejan Djokic

Seite 114 | Güigüe - Abtei St. Joseph
Mathias Gonsior

Bildnachweise

Abtei Königsmünster: 15

Abtei Münsterschwarzach: 21

Abtei Schweiklberg: 25

Abtei St. Otmarsberg: 67

Angelika Böhm: 17

Augustinus Pham OSB: 107

Ansgar Stüfe OSB: 21, 27, 29, 31, 33, 35, 37, 39, 41, 45, 47, 51, 53, 55, 57, 59, 61, 63, 65, 71, 73, 75, 79, 81, 83, 85, 87, 89, 91, 93, 95, 97, 99, 101, 103, 109, 111, 113, 115

Bildarchiv Erzabtei St. Ottilien: 10

Bildarchiv Kongregationsprokura St. Ottilien: 11, 13, 15, 17, 19, 25, 43, 49, 51, 69, 77, 105, 107, 113, 115

Christian Temu OSB: 55

EOS Editions Sankt Ottilien: 8, 9

Ézechiel Agaté: 65

Luftbild Bertram: Cover, 23

Missionsprokuren

Die Missionsprokuren sind das Bindeglied zwischen einem einzelnen Kloster und der Gesamtkongregation der Missionsbenediktiner. Die dort tätigen Mönche und Mitarbeiter organisieren Hilfsprojekte und unterstützen weltweit kirchliches Leben in Absprache mit den Ortskirchen, Hilfsorganisationen und vielen freiwilligen Helfern.

KONGREGATIONSPROKURA
Haus der Kongregation
Erzabtei 13
86941 Sankt Ottilien
Deutschland
Tel. +49 8193 71801
info@missionsbenediktiner.de
www.ottilien.org

MISSIONSPROKURA JAKOBSBERG
Kloster Jakobsberg
55437 Ockenheim
Deutschland
+49 6725 304 0
www.klosterjakobsberg.de

MISSIONSPROKURA KÖNIGSMÜNSTER
Klosterberg 11
59872 Meschede
Deutschland
+49 291 2995 0
www.koenigsmuenster.de

MISSIONSPROKURA MÜNSTERSCHWARZACH
Schweinfurter Str. 40
97359 Münsterschwarzach
Deutschland
+49 9324 20 287
www.abtei-muensterschwarzach.de

MISSIONSPROKURA SCHUYLER
P.O. Box 528
1123 Road 1
Schuyler, Nebraska 68661-0528
U.S.A.
+1 402 352 2177
monastery@missionsmonks.org
www.missionmonks.org

MISSIONSPROKURA SCHWEIKLBERG
Schweiklberg 1
94474 Vilshofen
Deutschland
+49 8541 209 107
www.schweiklberg.de

MISSIONSPROKURA SANKT GEORGENBERG
Kloster Sankt Georgenberg
Burg 181
6135 Stans
+43 664 5437017
Austria
www.st-georgenberg.at

MISSIONSPROKURA SANKT OTMARSBERG
Sankt Otmarsberg 1
8730 Uznach
Schweiz
+41 55 285 8105
www.abtei-uznach.ch

MISSIONSPROKURA SANKT OTTILIEN
Erzabtei 13
86941 Sankt Ottilien
Deutschland
+49 8193 71 821
prokura@ottilien.de
www.erzabtei.de

MISSIONSPROKURA WAEGWAN
Waegwan Abbey
61 Gwanmun-ro, Waegwan-up, Chilgok-gun
Gyeongbuk 39889
Korea
+82 54 970 2213
procure@osb.kr
www.osb.or.kr

Am Zustandekommen dieses Bandes
haben viele Menschen ehrenamtlich mitgewirkt.
Ihnen allen sei für ihre Hilfe gedankt!